TU RESTAURANTE EN LA ERA DIGITAL

RODRIGO CHICHARRO SÁENZ
EN ESTE LIBRO, EL AUTOR ADAPTÓ LAS MISMAS TÉCNICAS UTILIZADAS CUANDO LOGRÓ CERTIFICARSE COMO DOBLE RÉCORD DEL MUNDO EN VENTAS DE TERRENOS POR INTERNET.

Diagramación
Giancarlo Rodríguez

Copyright 2021 Rodrigo Chicharro Sáenz

Prohibida la reproducción total o parcial de este libro y su exhibición en cualquier plataforma digital sin autorización de los autores.

ÍNDICE

Agradecimientos	7
Prólogo	11
Capítulo 1: La oportunidad	17
Capítulo 2: Tu negocio	35
Capítulo 3: Tu cliente	53
Capítulo 4: El avatar no es una película para niños	71
Capítulo 5: El marketing gastronómico	81
Capítulo 6: Propuesta única de valor	101
Capítulo 7: El marketing de contenidos	121
Capítulo 8: La marca	143
Capítulo 9: La experiencia y la fidelización	165
Capítulo 10: La automatización y las herramientas	185
Capítulo 11: El poder de los sistemas y cómo pasar a la acción	207
Epílogo	219

AGRADECIMIENTOS

Sabía que era algo importante en mi vida, pero no cuánto significaba. En los últimos meses, por cuenta de esta pandemia que nos llegó de sorpresa y no quiere irse, perdí una de las actividades que más felicidad me aportaba: ir a restaurantes a compartir con mi querida esposa María Luisa, con mis hijos, mis nietos y mis amigos.

¡Cómo extraño las noches a la luz de las velas, mientras degusto un rico vino! ¡Cuánto extraño las tarde de sol riendo a carcajadas! ¡Cuánto extraño mis platillos preferidos y la gentil atención que me brindan en cada uno de esos lugares! ¡Cuánto extraño compartir amenas charlas con esos amigos que me regalan momentos inolvidables y experiencias gratificantes!

La vida me ha dado la oportunidad de cumplir muchos de mis sueños. Uno de ellos ha sido viajar por el mundo, conocer lugares increíbles y disfrutar de los mejores restaurantes. Lo que he vivido en esos lugares es uno de mis más grandes tesoros, son momentos que me permiten comprobar cuán afortunado soy.

Son maravillosos recuerdos que a lo largo de todos estos meses han aflorado y he podido valorar de manera especial. Hoy, cuando no es posible viajar y las puertas de los restaurantes están cerradas, me doy cuenta de cuán importantes son para mí.

Durante todo este tiempo, me he enfrentado a un duro contraste: por un lado, la felicidad de estar sano, de que mi familia no se ha contagiado y de que pude seguir con mis negocios, a pesar de las dificultades y las restricciones. Por otro, el dolor y la impotencia de tantas muertes, incluidas las de algunos conocidos, y de ver cuántos dueños de restaurantes pasan las peores horas de su vida.

Esa fue la razón por la cual decidí escribir este libro: para ayudar a aquellos que no saben cómo salir de esta situación difícil. Yo también enfrenté crisis profundas, lo perdí todo y tuve que comenzar de cero. Por fortuna, la vida me indicó cuál era el camino correcto y conté con la ayuda de personas que me compartieron su conocimiento, experiencia y recursos.

Gracias a que aprendí los secretos de internet, llevé mis negocios a un nivel que jamás había imaginado, a un escenario que me permitió enfrentar la crisis aplicando las estrategias y las técnicas poderosas del marketing digital. Internet me salvó la vida y por eso quiero compartir contigo lo que sé, lo que he aprendido.

Es un pequeño acto de gratitud con la vida, con cada uno de los dueños de los restaurantes en los que pasé momentos que no olvido y que ansío repetir muy pronto. Gratitud con todas aquellas personas, cocineros, garzones y personal administrativo que nos atendieron con calidez.

Gratitud con la vida por haberme permitido el privilegio de hacer realidad el sueño de viajar en compañía de mis seres queridos, recorrer lugares fantásticos y disfrutar momentos felices que están grabados en la memoria. Gratitud con mi querida esposa, mi familia y mis amigos por ser los cómplices ideales de estas aventuras y permitirme disfrutar de algo que tanto me apasiona.

Si el contenido de este libro sirve para que uno de esos dueños de restaurantes pueda adaptarse a las nuevas condiciones y reabrir sus puertas, este esfuerzo habrá valido la pena.

Todas las actividades a las que estábamos acostumbrados en el pasado fueron afectadas por la pandemia. El trabajo, la educación, la libre movilización, el deporte y la vida social, especialmente la vida social que nos permite disfrutar de lo mejor de la vida. Y en este campo, los restaurantes, la industria gastronómica, han sufrido el golpe con mayor rigor.

Sueño con el momento de volver a mis restaurantes preferidos, darles un fuerte abrazo a esos amigos que tan mal lo han pasado y contribuir con mi presencia a que tengan motivos para sonreír de nuevo.

Gracias a todas las personas de la industria gastronómica, de los restaurantes, por tanta felicidad que nos han brindado. Espero que este aporte les ayude a pasar este trago amargo y que sea el punto de partida para que, juntos, vivamos más momentos inolvidables. Gracias a ti, que estás leyendo estas líneas, porque tu atención recompensa este esfuerzo.

PRÓLOGO

Cuando la pandemia llegó por sorpresa y nos cambió la vida radicalmente, pensé egoístamente en cuántas actividades que disfrutaba y que realizaba libremente ya no podría hacer. Viajar por el mundo, navegar e ir a restaurantes, mis más grandes pasiones, encabezaban la lista. Me sentía realmente frustrado.

Y molesto, también. Me costó aceptar este drástico cambio y adaptarme a una vida en el encierro. El ser humano es social por naturaleza y no estamos hechos para una vida como la que nos ha tocado enfrentar en el último año. Menos si tienes espíritu joven.

Las primeras semanas fueron un verdadero infierno. Como tantos otros, quizás como tú también, creí que era algo pasajero, cuestión de uno o dos meses a lo sumo. Sin embargo, a medida que pasó el tiempo y la situación empeoró, mi angustia se incrementó.

Antes de la pandemia, salía a comer en restaurantes con María Luisa y mi familia al menos tres veces a la semana. Un enorme privilegio que la vida me concedió y que me hacía muy feliz, porque además establecí amistades con muchas personas maravillosas.

Durante algunas semanas estuve peleado con la vida. Le reprochaba haberme privado de eso que tanto amo. Pero un día me di cuenta de cuán equivocado estaba: más allá de que no podía disfrutar esas actividades, en mi vida no me hacía falta nada y ninguno de los míos había sido afectado por el virus.

Además, comencé a recibir llamadas con testimonios de amigos dueños de restaurantes que lo estaban pasando muy mal. No solo tuvieron que cerrar sus puertas indefinidamente sin recibir ayuda alguna, sino que, además, cuando se comenzaron a liberar las restricciones, el sector de la gastronomía continuó relegado. El *delivery* y el *take-away* eran las únicas alternativas.

Lo más doloroso es que casi todos carecían de las herramientas, de las estrategias y del conocimiento para seguir atendiendo a sus clientes a la distancia a través de internet. Estaban pagando el alto precio de hacer caso omiso de la transformación digital, que el sector de la gastronomía siempre vio con recelo.

Toda la vida me dediqué a hacer negocios de productos tangibles, pero sufrí golpes que me obligaron a ingresar a ese maravilloso universo del mundo digital. No fue por voluntad propia o porque fuera un visionario, sino porque no tuve alternativa. Y no fue un paso fácil, porque tenía muy poco conocimiento y la tecnología no era lo mío.

De hecho, hace muchos años, cuando uno de mis mentores me dijo que reunía todas las condiciones para alcanzar el éxito en los negocios en el ámbito digital, lo primero que pensé fue "este tipo está completamente loco". Por aquel entonces, ya estaba dedicado al negocio inmobiliario y en mi cabeza no cabía la idea de vender una propiedad a distancia, por medio de internet.

Hoy ostento dos récords mundiales de venta de parcelas por internet y todo mi negocio está sustentado en esta poderosa herramienta. Le agradezco a la vida por haberme llevado por este camino, pues mi negocio, como los restaurantes, se hubiera paralizado completamente sin la posibilidad de mantener el contacto directo con mis clientes por internet.

Me di cuenta de lo afortunado que soy al haber adquirido ese valioso conocimiento, al haber tomado la decisión de asistir a más cursos y de actualizarme constantemente en las nuevas estrategias de éxito en el ámbito digital. A pesar de las dificultades y restricciones, pude trabajar desde la comodidad y seguridad de mi casa como si nada estuviera ocurriendo.

En cambio, muchos amigos dueños de restaurantes, sus familias, sus socios y sus empleados (con sus familias) vivían un drama sin fin. La pandemia no respetó antigüedad, tradición o reconocimiento. Solo unos pocos lograron enfrentar esta inesperada situación con ventas a domicilio, pero a un costo demasiado elevado. ¿Cuál? Operar prácticamente a pérdida, reduciendo su margen de ganancia hasta en un 80 por ciento. No sé cómo lo hicieron, cómo resisten todavía. Lo peor es que nadie sabe cuándo terminará este terrible episodio ni cuántos tendrán la fortuna de reabrir sus puertas y volver a atender a sus clientes, escuchar sus risas, compartir sus experiencias.

La dura realidad es que esos restaurantes operaban bajo un modelo de negocios que quedó en el pasado, basado exclusivamente en el ámbito físico. Se mantuvieron operativos en los salones y no entendieron la necesidad de combinar con el ámbito *online* para cumplir con la premisa que caracteriza a los negocios exitosos: que son híbridos.

¿Eso qué quiere decir? Que tiene vida propia dentro y fuera de internet, en el mundo *offline* y en el *online*. Y vida propia no significa abrir perfiles en las redes sociales y publicar allí los productos que vendes, con sus características y el precio; es lo que hace la mayoría y no logran los resultados que esperan. Tampoco es montar una web que nadie consulta.

Esa fue una de las principales razones por las cuales tantos restaurantes la han pasado tan mal desde que la pandemia comenzó. Acostumbrados a que sus clientes llegaban cada día sin necesidad de convocarlos y convencidos de que esa situación nunca iba a cambiar, cuando comenzó la inesperada crisis no estaban preparados para enfrentarla. En realidad, nadie estaba preparado. El problema es que el negocio de los restaurantes siempre miró de reojo aquello de la transformación digital, lo vio no como un beneficio, sino como un costo adicional. Por ende, nunca se preocupó por implementarla.

El precio de esa decisión fue demasiado alto: miles de negocios de gastronomía en todo el mundo, desde afamados locales con estrella Michelin hasta pequeños restaurantes familiares, cerraron sus puertas y quizás nunca más las vuelvan a abrir.

El problema es la falta de conocimiento. Cuando me dijeron que podía obtener éxito vendiendo propiedades por internet, pensé que me tomaban por tonto, pero hoy mi negocio funciona prácticamente con normalidad, a pesar de las restricciones.

Muchos dueños de restaurantes creen que la revolución digital consiste en tener presencia digital o costosas herramientas difíciles de operar. Sin embargo, la clave del éxito de esta transformación no está en las herramientas, sino en la capacidad que tengas para establecer una relación basada en la confianza y la credibilidad con cada uno de tus clientes y que redunde en un intercambio de beneficios. Y también en tu capacidad para atraer y conquistar a nuevos buenos clientes que se conviertan en evangelizadores de tu marca; es decir, que repliquen tu impacto.

Eso es lo que la mayoría de los restaurantes no sabe hacer. Aún más, muchos de estos establecimientos ni siquiera se preocupan por cuidar a los clientes actuales, porque asumen que siempre volverán. Pero la experiencia reciente demostró que están muy equivocados.

Este libro reúne el valioso conocimiento que he acumulado a lo largo de mi trayectoria en los negocios, dentro y fuera de internet, y las vivencias de tantos años que, por supuesto, implican más fracasos que éxitos (de ahí el aprendizaje). También lo que he aprendido de otros emprendedores y de mis mentores.

Además recoge mi experiencia como cliente habitual de restaurantes en distintas partes del mundo. No solo te hablo como experto, sino también como usuario frecuente y por eso estoy convencido de que mi mensaje será útil para ti. Lo que te enseño lo he implementado con éxito en mis negocios.

Hasta hace poco, la transformación digital era una opción; hoy es una obligación. Si no digitalizas tu empresa, si no sabes moverte en el ecosistema digital, vas a desaparecer.

Lo que vas a descubrir en estas páginas es el arsenal de estrategias, recursos, herramientas y consejos que he atesorado a lo largo de varias décadas. No son una fórmula mágica, porque eso no existe. Se trata de conocimiento aplicado en el terreno y cuya efectividad, te lo garantizo, está comprobada.

Son exactamente las mismas estrategias, recursos y herramientas que yo utilizo con éxito en mis negocios. El objetivo es que sigas siendo el dueño de tu restaurante y te conviertas en un experto digital; para ello, requieres este conocimiento a fin de que la transformación digital de tu negocio sea un éxito. Luego podrás delegar las tareas operativas en quien tú elijas.

En el último año, por cuenta de un enemigo implacable e invisible, hemos pasado malos momentos. De todo corazón, espero que este contenido de valor que te voy a transmitir contribuya eficazmente a que encuentres una luz al final del túnel.

CAPÍTULO 1
LA OPORTUNIDAD
INTERNET NOS CAMBIÓ LA VIDA

Un día cualquiera, reunido de manera digital con mi equipo de trabajo repartido en diferentes países, les comenté que me sentía muy mal por la situación y el drama que vivían mis amigos y propietarios de restaurantes. Ahora estaban con las puertas cerradas, sin poder atender a sus clientes y con grandes responsabilidades a cuestas.

Con María Luisa, mi querida esposa hace más de 38 años, nuestro ritual semanal antes de la pandemia era salir a algún local que nos gustara. Lo hacíamos 3 o 4 veces por semana, al menos. Por ende, adquirimos mucha experiencia como consumidores y clientes de los establecimientos de nuestro país y el resto del mundo.

Por ello alguien me sugirió la idea de salir al paso con mi conocimiento y experiencia, y crear un curso de marketing digital para restaurantes, además de un libro para profundizar cada tema. Al comienzo dudé, dado que no tengo experiencia como empresario en gastronomía, pero después me convencieron. Al final, la venta digital de tangibles tienen el mismo proceso que la venta para un restaurante. Además, he dedicado gran parte de mi vida –sobre todo estos últimos 20 años– a viajar a diferentes países, recorriendo diferentes culturas, lugares turísticos y otros no tanto, y visitando cuanto restaurante me recomendaban.

En este libro no pretendo enseñarte cómo manejar tu negocio ni darte cátedra de gastronomía. Esa no es mi área, es la tuya, y te respeto como conocedor del tema.

Sin embargo, hay algo de lo que sí puedo hablarte con autoridad: de marketing y ventas en internet. Esa es mi especialidad, mi pasión. Me avalan mis resultados, mi trayectoria de más de veinte años vendiendo productos tangibles a través de internet y, felizmente, el aprecio y la gratitud de miles de clientes a los que he servido.

Hoy comenzamos este apasionante camino que nos tiene compartiendo valiosos contenidos que serán oro para tu restaurante.

Antes de entrar de lleno en materia, quiero entregarte algunas cifras que quizás no conozcas y que tienes que manejar para saber lo importante que es estar o no estar presente con tu restaurante en internet.

En 2021, el planeta está habitado por 7.750 millones de personas. De ellas, más de 5.190 millones son usuarios de teléfono móvil y 4.540 millones lo son de internet. Además, hay 3.800 millones de usuarios de las redes sociales, según el Global Digital Growth de WeAreSocial y Hootsuite.

Hay 3.200 millones de personas menores de 25 años, la llamada generación digital: además del cerebro, traen instalado un chip y son afines a la tecnología por defecto, por configuración. Nunca los dejes de lado, intenta atraerlos siempre. Quizás hoy no son tus clientes y no ocupan alguna mesa en tu restaurante; pareciera que no te aportan en nada. Pero son la generación que usará tus plataformas digitales para solicitar tus platos a domicilio, para que se los entregues en su auto o para retirar, y también para completar tu salón. A ellos no les podrás pasar la carta con tus creaciones culinarias en cartón, eso es prehistórico. Seguramente escogerán sus platos utilizando la última tecnología mientras manejan rumbo a tu restaurante.

Hay, además, 1.200 millones de personas en el rango entre 25 y 34 años. La era digital les llegó cuando usaban pañales; por lo tanto, se adaptan muy fácilmente a sus exigencias. Seguramente hay muchos que calzan en este segmento en tu ciudad y gustan de salir a comer fuera; podrían ser clientes de tu restaurante, si ya no lo son. Ellos no se quedarán atrás con la tecnología; por el contrario, sus trabajos y responsabilidades seguramente están en estrecha relación con ella, por lo que el camino para atenderlos no debe ser tan diferente al del segmento anterior. Lo óptimo para ellos es consumir lo mejor de tus especialidades, llegar a tu local usando la tecnología y aprovechar la que le ofreces cuando han llegado.

Estoy seguro de que, en poco tiempo más, no existirán los restaurantes como los conocemos. Hoy el promedio de conexión diaria a internet entre personas de 16 a 64 años es de 6h 43m; es decir, casi la mitad del tiempo que están despiertas. Y al menos dos horas y media de ese tiempo lo dedican a navegar en las redes sociales. Quien logra dimensionar lo que eso podría significar para su restaurante y saber cómo sacarle el máximo provecho, cueste lo que cueste, tiene el éxito asegurado. Ese empresario de inmediato comienza a pensar en redimensionar y reconvertir su modelo de negocios y, al menos, en triplicar o cuadruplicar la capacidad de atención. Pero como no será posible atenderlos a todos sentados, ese emprendedor piensa en cómo atenderlos fuera de su local.

Podría continuar indefinidamente aportándote cifras relevantes sobre el uso de internet, redes sociales y cómo podrías utilizarlas a tu favor o como afectarán a tu restaurante si no estás presente en ellas. Ten claro lo siguiente: internet y las herramientas que se crean en esta red seguirán cambiando y avanzando. Si no te acostumbras a usarlas, tu local desaparecerá y tus clientes se irán a aquellos que sí aplican estas tendencias. Te recuerdo que internet nació en 1983, es joven aun, para muchos es apenas un bebé que tiene toda la vida por delante. Solo debes transformarlo en tu mejor amigo y el socio ideal y avanzar siempre de la mano con él.

Quisiera darte un ejemplo simple y práctico de una herramienta que no existiría sin internet y que hoy es fundamental para el éxito de tu restaurante: los teléfonos celulares. Te puedo asegurar que todos tus clientes cuentan con uno e incluso los usan entre plato y plato o cuando falta tema de conversación.

Estamos en otra era, el nuestro es un mundo digitalizado y tu restaurante debe estar ahí de muchas maneras, comenzando por tu carta digital y *online* para que tus clientes escojan sus platos y puedan pagar desde sus propios teléfonos.

Seguramente tú ya no vas a depositar a tu banco, esas largas colas quedaron en el pasado, hoy puedes transferir dinero o pagar los servicios públicos. También puedes adquirir los boletos aéreos, reservar el hotel y el auto para tus vacaciones en cualquier lugar del mundo y todo desde tu celular, ¿no te parece increíble? Hasta hace unos pocos años, era impensable. Y si crees que tu restaurante no puede trabajar de esa manera, vas por el camino equivocado.

Los segmentos que te describí antes —me refiero a tus potenciales clientes, que podrían repletar tu restaurante y sacarle humo a tu cocina por el tráfico de pedidos para ser consumidos fuera del local— no utilizan el celular para llamar, lo emplean en un 98% en redes sociales y se comunican por ahí. Estamos en una era digital y tu restaurante debe adaptarse a ello.

Los hechos son irrefutables. Según la prestigiosa revista Forbes, las primeras cinco compañías más valiosas del planeta son del ramo de la tecnología y todos sus productos están relacionados con internet: Apple, Google, Microsoft, Amazon y Facebook, en ese orden.

Internet lo cambió todo (para bien)

El mundo avanza tan rápido y la vida nos cambia con tanta frecuencia que a veces perdemos la perspectiva de los hechos. Fue solo hace poco más de veinte años que internet irrumpió en nuestras vidas y las cambió para siempre. Muchos objetos que eran parte de la vida cotidiana pasaron de un día para otro al baúl de los recuerdos.

En la casa solo había una línea telefónica y había que hacer fila para poder llamar: primero estaba mamá, luego papá, luego los hermanos mayores. Hoy cada uno tiene al menos un teléfono propio que, además, hace las veces de computador portátil, de cámara fotográfica y de video, de sucursal bancaria. También podemos viajar a cualquier lugar a través de este dispositivo y comprar *in situ*.

Antes nos reuníamos todos los de casa frente al televisor para ver los programas que nos gustaban. Eso sí, había que acogerse a lo que papá eligiera. Ahora, en cambio, tenemos el privilegio de ver lo que deseemos, cuando lo deseemos, en el dispositivo que elijamos. Una película, una serie, un video, un concierto, lo que nos plazca, porque la oferta es ilimitada.

Antes, cuando uno de los hijos o algún conocido viajaba al exterior en la temporada de vacaciones o a estudiar, el tiempo que pasaba lejos de casa era una vigilia. Cada día rezábamos para que estuviera bien, que nada malo le sucediera, y contábamos las horas para recibir una llamada por cobrar para escuchar su voz, aunque fuera por unos minutos.

Hoy contamos con la tecnología de las videollamadas que nos permiten conectarnos en vivo y en directo, aunque esa persona esté a miles de kilómetros. Y además es gratis, así que no hay límite de tiempo. También podemos inmortalizar ese momento en un video y verlo tantas veces como queramos, de modo que, a pesar de la distancia, esa persona siempre está cerca.

Antes, el trabajo era una actividad que se realizaba estrictamente en la oficina, fuera de casa. No había otra opción. No era una molestia, porque al fin y al cabo siempre fue así. Sin embargo, desde hace un tiempo, ese desplazamiento se convirtió en una tortura, en especial para quienes viven en una gran ciudad, de esas en las que el ruido, la contaminación y la intolerancia son insoportables.

Esa fue una de las razones por las que, hace un poco más de diez años, decidimos con mi familia dejar Santiago y trasladarnos a Puerto Varas, en el sur de Chile, un paraíso terrenal de naturaleza, paz y tranquilidad. Y desde mi casa trabajo, produzco, dirijo a mi equipo, establezco relaciones con personas que están en otros países, estudio y me capacito.

Todo eso es posible gracias a internet, a sus beneficios y facilidades que cada día son mayores y están al alcance de cualquiera, porque los costos son relativamente cómodos. Aunque no siempre contamos con las condiciones ideales, porque la conexión es inestable o costosa, prácticamente no hay un lugar sin internet.

Durante esta crisis provocada por el coronavirus, que derrumbó la cotidianeidad a la que estábamos acostumbrados, no sé qué habría sido de todos nosotros sin internet. Nos permitió trabajar y seguir produciendo, nos permitió mantenernos informados acerca de la evolución de la epidemia, nos permitió investigar cómo cuidarnos y cuáles eran los implementos necesarios.

También nos brindó entretenimiento y distracción, algo indispensable en el confinamiento. Además, evitó que el año de estudios se perdiera del todo, tanto en colegios como en universidades, y contribuyó a que muchos maestros conservaran sus empleos. No fueron todas las instituciones educativas, pero al menos no se produjo una parálisis total.

Asimismo, muchos negocios, grandes, medianos y pequeños, dentro o fuera de internet, continuaron activos. Se puso de moda el concepto de teletrabajo o *homework*. En este tema, como en el de la educación, quedó claro que el uso que hacemos de internet es precario, porque desconocemos y desaprovechamos su inmenso potencial.

Esta opción sirvió para que muchas empresas y negocios no pasaran a engrosar las estadísticas de víctimas colaterales del coronavirus, aquellas que cerraron sus puertas por la pandemia y no las volvieron a abrir. Gracias a esta modalidad virtual, una gran cantidad de empleos se salvaron y cientos de miles de familias continuaron recibiendo el sustento necesario. ¡Un gran logro!

Ahora, veamos cuántos restaurantes pudieron mantenerse a flote. Sí, ya sé que piensas que eso no compensa el daño, que esta es una de las industrias que más duramente sintió el golpe, que pasarán algunos años para que apreciemos la verdadera dimensión del impacto sufrido. Y solo puedo decirte que tienes razón, pero sin internet, la debacle sería total.

Y, con la mano en el corazón, con un inmenso dolor porque soy un amante de la buena comida y de los restaurantes, también sé que, en muchos casos, la culpa no fue de la pandemia. ¿Alguna vez escuchaste la frase "soldado avisado no muere en guerra"? En guerra de coronavirus, la mayoría de los soldados dados de baja estaban avisados.

Cuando me hablaron de comenzar a hacer negocios en internet, de aprovechar los recursos y herramientas que la red nos ofrece, era muy poco lo que sabía del tema. De hecho, era incrédulo, me costó tiempo y trabajo entender que era posible vender productos tangibles, a lo que me he dedicado toda la vida, a través de internet.

No fue fácil, entre otras razones, porque no era un jovencito y tampoco tenía una gran afinidad con lo digital. Sin embargo, más que como un reto, lo percibí como una oportunidad. Me motivó ver que otras personas, sobre todo fuera de Chile, que tenía la misma edad y también vendían productos físicos, ya habían dado el paso para ingresar al universo digital y no solo estaban felices: ¡vendían sus productos!

Tampoco aprendí de un día para otro. Es un proceso que no termina, porque la tecnología avanza y cambia, porque cada día hay nuevas herramientas poderosas y recursos ilimitados. Lo mejor es que no tienes que convertirte en un ingeniero de sistemas o un especialista en tecnología para aprovecharlas. Cualquiera puede hacerlo.

No soy experto en gastronomía, no soy dueño de un restaurante y nunca lo fui. Soy un feliz cliente habitual, una persona que sabe apreciar un buen plato, un buen vino, una buena atención, una buena compañía en un ambiente en el que pueda sentirme libre y auténtico y en el que me consientan.

Tampoco soy experto en el tema de la tecnología. Hay términos que no entiendo, hay estrategias que aún no incorporo en mis negocios, hay herramientas que me suenan a ciencia ficción. Sin embargo, nada de eso me preocupa, porque sé que estoy rodeado de un equipo competente y capacitado, especializado en tecnología, en marketing, en estrategias, en sistemas.

Yo, en cambio, me concentro en lo mío, en lo que me gusta, en lo que he hecho toda la vida con éxito: vender. Esa es mi especialidad. En eso, sin falsa modestia, soy muy bueno, uno de los mejores. Porque acredito mucho conocimiento, mucha experiencia; porque he cometido muchos errores que han significado grandes lecciones; porque no dejo de aprender.

Internet es mi socio, mi aliado estratégico, el medio que me ha permitido llegar con mis productos a lugares distantes, a clientes que hablan otro idioma y que tienen otras costumbres. Es también el canal a través del cual el nombre de Rodrigo Chicharro pudo traspasar las fronteras de Chile y darse a conocer en otros países, además de relacionarse con empresarios de otros continentes.

Cuando me hablaron de hacer negocios en internet, al comienzo tuve miedo. Era un universo totalmente desconocido para mí. En el fondo, no me creía capaz de aprender a dominar las herramientas, dudaba de las estrategias y estaba convencido de que era algo efímero, una moda que pronto desaparecería.

Por fortuna, estaba muy equivocado. En poco tiempo me di cuenta de cuánto podía lograr en mis negocios si me apalancaba en internet. Hoy soy un buen amigo de la tecnología: la aprovecho, la valoro. Y agradezco, sobre todo, lo que internet ha hecho por mí, por mis negocios y mis clientes: nos ha beneficiado a todos.

Uno de los efectos colaterales de la crisis provocada por la pandemia fue que muchas personas entendieron que internet es más que Facebook o Instagram, que la tecnología nos brinda más oportunidades y herramientas que la posibilidad de tomarnos *selfies* o transmitir las reuniones casuales con los amigos. Muchas personas entendieron que necesitan a internet.

No soy quién para decirte cómo manejar tu negocio. Sin embargo, sí tengo el conocimiento, la experiencia y los resultados para decirte con autoridad que ya no puedes aplazar más la conversión de tu restaurante al ámbito digital. La reciente crisis quizás te propinó un duro golpe, pero pudiste levantarte y continuar. Sin embargo, quizás la siguiente sea la definitiva.

Internet no es un capricho o un privilegio: es una necesidad, una oportunidad. Y seguramente sabes qué ocurre con las oportunidades: las tomas o las dejas. Si las dejas pasar, nunca volverán. Entonces, mi invitación es que apartes tus temores, tus prevenciones, tus creencias limitantes y abras de una vez por todas la puerta que te conducirá a un mundo fascinante.

No solo te permitirá hacer tu trabajo de manera más cómoda y sencilla, sino también más efectiva y productiva. Es algo que en poco tiempo agradecerás. Y que tus clientes también agradecerán, porque serán los primeros beneficiados con las opciones que pongas a su alcance. Si no lo haces ahora, lo lamentarás después.

Recuerda cómo era tu vida hace 25 años, cuando apareció internet. Recuerda cómo eran las comunicaciones, cómo eran las relaciones, los negocios. Recuerda cuánto añorabas ver esas películas que en otros países se exhibían desde meses atrás, cuánto soñabas lucir esa ropa de marca que no se vendía en tu país. Hasta que llegó internet y lo cambió todo.

¿Es tu primera crisis?

Hemos vivimos un escenario muy complicado, seguramente para muchos es la primera crisis humanitaria global que viven, no podemos desconocer que probablemente sea la más grave y extrema que hemos enfrentado.

Sida (desde 1981 a nuestros días)
Virus del SRAS, o Síndrome Respiratorio Agudo Severo, emerge a fines de 2002 en el sur de China (2002-2003)
Gripe aviar A(H5N1) (2003-2004)
Gripe A o H1N1 (2009-2010)
Ébola en África occidental (2013-2016)
Coronavirus (2019-)

Seguramente vendrán muchas, nunca estaremos libres de enfermarnos todos juntos. Pero debes estar preparado para que no impacte tan brutalmente a tu restaurante y el bienestar de tu gente. Un restaurante puede estar tan bien preparado incluso para soportar una nueva crisis humanitaria o periodos de manifestaciones políticas o desastres naturales, lo que sea. Mientras internet esté funcionando y el mundo rodando, tu negocio seguirá produciendo.

Hoy los locales que siguen vendiendo, y mucho, son los que estaban digitalizados con ventas *online*, *delivery* o *take away*. Aparte de vender, hoy pueden "regalonear" a sus clientes y lo hacen de muchas maneras diferentes. Esos clientes jamás olvidarán esa palabra de aliento, el saludo de cumpleaños o el dulce de leche que se agregó sin costo a su pedido para endulzarle en algo la vida en estos momentos de confinamiento. Son inimaginables los efectos de una buena fidelización digital, ya que muchas veces formas relaciones sin conocer a tu cliente. Ese cliente regresa convertido en un amigo más, y muy agradecido por tus gestos. Así, un restaurante digitalizado saca provecho máximo del internet y de las crisis. Aprovecha estos momentos para formar clientes ideales y muy fieles.

Internet está ahí al servicio de cualquiera que quiera usarla, pero solo unos pocos serán capaces de aprovechar los beneficios gigantes que ofrece.

La crisis por el coronavirus también nos mostró que estamos viviendo una nueva era de la humanidad: la de la información. Por lo tanto, ningún esfuerzo es suficiente para complacer a tus clientes. En tu menú y en tu comunicación con él, hoy también debes incluir el mejor contenido posible; es decir, entregar en todo momento contenido de valor.

En tus cartas menú, que desde ahora tienen que ser digitales, debes incorporar las mejores imágenes de tus platos y presentaciones, pero tan importante como el plato es el contenido que acompaña esa imagen. Las nuevas generaciones son amantes de los mejores contenidos, hoy aprenden y ganan dinero utilizando internet. Muchos no asistirán a la universidad; saben que, para tener éxito, solo deben tener la habilidad de encontrar el mejor contenido de la información que buscan en YouTube, Facebook, LinkedIn, ClubHouse, entre otras redes sociales. Recuerda: el mejor plato va acompañado de una buena imagen, del mejor condimento y contenido posible.

El empresario, escritor y conferencista estadounidense Robert Kiyosaki, autor de los bestseller *Padre rico, padre pobre* (1997) e *Incrementa tu IQ financiero* (2006), entre otros, se refiere a estos últimos años como la era del internet y de la información; quien no tenga redes, está condenado a desaparecer. Lo había dicho el filósofo, economista e historiador escocés David Hume, en el siglo XVIII: "Quien tiene el saber (la información), tiene el poder". Hoy en tu restaurante, si tienes la información para llegar a tus clientes y mantienes buen contenido, tienes el poder y el éxito asegurados.

Un nuevo modelo: cambiaron los clientes

Esa es la nueva realidad de la era digital: la información, el servicio, el contenido, la tecnología y el conocimiento son el nuevo poder para tu negocio. Pero, a diferencia del pasado, ya no se trata de atesorar todo lo que uno sabe y acumularlo para beneficio propio; su mayor valor está en saber compartirlo en alianzas estratégicas inteligentes para formar grandes redes.

Kiyosaki aporta otro concepto importante: "En la era de la información y la tecnología, la única manera de salir adelante es trabajando en equipo". Recuerda que el origen de este período son las redes, que internet es la red de redes. La vieja competencia fue reemplazada por la cooperación.

Si tú eras dueño de un restaurante, competías contra todos aquellos que realizaban actividades idénticas o similares a la tuya. Eso ocurría con la mayoría de los locales del mundo: estaban sumidos en una lucha feroz por sobresalir, por sobrevivir.

Ahora hay una visión diferente, orientada a la unión estratégica de dos, tres o más restaurantes por zonas. Antes competían a diario entre ellos y ahora, al unir sus conocimientos, experiencias, redes y esfuerzos, por ejemplo, en una carta digital *online* de servicios de comida con servicio *delivery* o *take away*, forman un bloque con mucha fuerza y muy amenazante para la competencia. Estos bloques formados por diferentes restaurantes (*dark kitchen*) pueden hacer cerrar a grandes cadenas organizadas. Es una nueva forma de generar redes que se traducirán en ventas y éxito.

Pero trabajar en equipo también significa saber delegar; pasamos de la época de "yo lo sé hacer todo" a la de delegar responsabilidades en los especialistas. Se trata de unir conocimientos, sumar talentos, potenciar habilidades y minimizar debilidades; es decir, de maximizar resultados apoyados los unos en los otros. La nueva gran fuerza laboral son los equipos interdisciplinarios que comparten y generan información de calidad. Hoy delegar en los mejores es fundamental para conseguir un éxito a buen nivel.

Un buen restaurante o un bloque *dark kitchen* trabaja con los mejores profesionales. No me refiero a los garzones, barman, chef, cocineros, administradores, entre otros; seguramente tú te manejas mejor que yo en ese tema. Me refiero a las personas que trabajarán desde fuera, los que estudian tu mercado y cuál es el mejor manejo para obtener una inmejorable presencia en internet; por ejemplo, generar ventas a diario o llenar tu restaurante un día determinado, el día más débil, o completar tu capacidad a altos precios para Año Nuevo u otra celebración.

Se trata de profesionales que saben y te ayudarán a llegar a tu cliente perfecto para ampliar tus bases de datos y tus redes, que escribirán y adaptarán tus contenidos utilizando técnicas de neuro-ventas, que construirán los mejores embudos de ventas y te guiarán sobre las mejores imágenes, dónde y cómo presentarlas, te ayudarán a crear contenidos para fidelizar a tus clientes y mantenerlos en el tiempo, y mucho más.

Quizás te puedas sentir algo confundido con este nuevo mundo, pero seguramente también muy sorprendido y alegre al darte cuenta de que hoy se abre un nuevo y gran campo para tu restaurante. Tal vez de ser una marca muy local, casi de barrio, se pueda transformar incluso en global, según dónde quieras llegar.

Estas recetas están dirigidos a personas como tú, dueño de restaurante, pero no me interesa que aprendas en detalle todo el material, tampoco tendrás tiempo para aplicar todo. La idea es que conozcas este nuevo mundo de los establecimientos híbridos, físico-digitales, y así sepas qué y cómo delegar. Desde ahora ya no será un secreto para ti, ya formas parte de él y podrás encomendar materias técnicas a especialistas incluso fuera de tu país.

Lo más trascendente de esta era de información, tecnología y conocimiento en el mundo de los restaurantes fue la transformación que sufrió el cliente. Hoy es una persona que despertó. Descubrió que tiene un rol protagónico en el éxito o el fracaso de tu negocio. Gracias a internet, el mercado cambió radicalmente, porque aparecieron muchas nuevas marcas y el consumidor puede elegir a su gusto. Las pequeñas marcas se hicieron un lugar en el mercado.

Esto tiene grandes beneficios para ti, dueño de una marca de restaurante, ya que un cliente puede compartir incluso desde la mesa de tu local, y con imágenes, la gran experiencia que está viviendo, la amabilidad de los garzones, la presencia y grata conversación con el propietario, lo espectacular de la gastronomía. Eso se viraliza rápidamente y tu restaurante tendrá el éxito asegurado por mucho tiempo. Lo que desconocías hasta hoy es que tu equipo puede aprovechar ese valioso contenido y hacerlo viral en minutos. Así se busca y encuentra clientes ideales para tu restaurante.

Pero también existe el cliente que quedó disconforme, porque el garzón estaba de mal humor, el plato le llego frío o no era lo que pidió, había mal olor en el baño, la mesa estaba coja, su novia quedó con el cabello pasado a comida, era demasiado caro, siempre ofrece la misma carta. El cliente tiene mucho de qué reclamar si algo sale mal. Hoy no funciona ese antiguo libro de reclamos, hoy el reclamo es posteado y se viraliza rápidamente. Y puede bajar drásticamente la venta de tu restaurante. Pero hay técnicas para responder esos reclamos y, aunque te cueste creerlo, fortalecen tu marca y te ayudan a vender más. Obviamente, tienes que delegar esa tarea en un profesional experto en manejo de neuro-ventas.

No te asustes, eso no significa que tendrás un regimiento de personas que consumirán todas tus ganancias. Esas personas son independientes, por lo general se encuentran fuera de tu país, trabajan con varias otras empresas y muy exitosas, de gran experiencia, muy ejecutivas, rápidas y comercialmente muy ventajosas para tu negocio. Debes trabajar con los mejores y, si logran el éxito para tu restaurante, tienes que agradecerlo a todo tu equipo. Lo mejor y más rentable para ti es mantener bien remunerado a tu equipo profesional, el que maneja el mercado de tu restaurante, tu marca y tu éxito, eso es la nueva era. Eso es trabajar en internet y asegurar tu éxito y el bienestar de tu familia.

Considero que el rubro de los restaurantes es un negocio muy débil. Una familia puede ir 20 veces al mismo local, pero basta un problema para que deje de ir. Por eso, debes estar digitalizado. En una atención altamente personalizada, como es la de un restaurante, pueden suceder muchos episodios que no logras manejar y que pueden perjudicar tu negocio. Por ende, debes ser híbrido, de modo que la atención presencial y la digital sean fuertes para que una apoye a la otra.

Personalmente, soy un adicto a visitar restaurantes y disfrutar de nuevas especialidades y ricos platos en compañía de mi esposa o con buenos amigos. La vida social y compartir una buena mesa los fines de semana es parte de nuestras vidas. Sin embargo, cuando comenzó la crisis del covid-19, no existían restaurantes híbridos, físico-digitales, con servicios para retirar o con entregas a la casa. Fue triste ver cómo viven el día a día sin pensar en formar redes, sin bases de datos a quienes fidelizar, sin manejo profesional de las herramientas de internet, solo confiando en los posibles clientes que podría atraer con plataformas como Tripadvisor, Rappi, Pedidosya, entre otras. Pero no saben que estas plataformas finalmente tienen todo el poder. ¿Qué hacen hoy por tu restaurante ante la emergencia del covid-19? La respuesta es nada. Ni siquiera puedes llegar a tus clientes habituales, aunque han estado sentados muchas veces en una mesa de tu restaurante, porque no los conoces.

Escribí lo que estás leyendo en plena pandemia, sin poder salir de mi casa, pero estoy muy contento traspasando mis experiencias y mis conocimientos para que las apliques en tu restaurante. Y estaría mucho más feliz si tuviera la oportunidad de seguir disfrutando esas preparaciones de mis restaurantes favoritos; qué daría por almorzar hoy un exquisito pulpo a la gallega, o esos piquillos, o un bife de uno de los lugares que visito constantemente. O simplemente pedir un menú para el día, comida casera, almuerzo y cena. Pero no es posible.

Pese a todo, ocurre algo fabuloso: hoy la tecnología te permite ingresar por internet desde tu casa o desde el auto, hacer tu pedido por medio de tu carta digital *online*, sin duda ni confusión respecto de lo que pides debido a la forma en que se presentan los platos, con imágenes en alta resolución y contenido de valor. Y puedes pagar con la propina incluida. Todo un mundo, ¿verdad?

Recuerda que la forma de atender a tu cliente en tu restaurante cambió drásticamente. Hoy te exigirá la máxima tecnología para evitar tocar manoseadas cartas menú de cartón, se espantará si no ve cómo limpian su mesa delante de él con los elementos adecuados para entregar la máxima seguridad. Evitará digitar su clave secreta al momento de pagar sobre contaminados botones. Para acceder a los baños, no tocará manillas ni chapas, hoy es la puerta vaivén. Obviamente tienes que cumplir con el aforo indicado por la autoridad sanitaria. Y así se suman múltiples detalles.

Pero lo que nunca será un detalle es que tu cocina debe mantenerse pulcra y con personal altamente capacitado para dar tranquilidad a tu cliente. Para ello, puedes instalar cámaras que muestren cómo se trabaja en tu cocina a quienes están en el salón de tu restaurante y en tus plataformas *online*. ¡Qué gran revolución!

Cuando hablamos de hacer negocios, dentro o fuera de internet, nos referimos a establecer una relación basada en la confianza y la credibilidad con cada uno de tus clientes. Una relación que significa un intercambio de beneficios en que puedes resolver el problema que lo aqueja gracias a tu conocimiento, tu experiencia y tu pasión.

Internet te ofrece tener tanta presencia con tu restaurante como una gran cadena multinacional, competir de igual a igual en el mercado y captar una buena cantidad de sus clientes con las herramientas y estrategias del marketing de redes. Ya no estás solo, porque hay una red que te apoya, hay aliados estratégicos, hay socios, hay profesionales *freelance* que te ayudan.

En esta era, hay que hacer un trabajo antes de vender; de hecho, la venta es una consecuencia. ¿De qué? De la fidelización constante y de la experiencia que puedas brindarle a tu cliente para que sea fiel a tu establecimiento y te traiga más buenos clientes.

¿Ahora entiendes por qué se llama la era de la información y del conocimiento? Si tú posees esos bienes (y claro que los posees), puedes generar cambios en tu restaurante y atraer más y mejores clientes que te considerarán su amigo.

CAPÍTULO 2
TU NEGOCIO
DEL MUNDO FÍSICO AL UNIVERSO DIGITAL

El valor del conocimiento no está en la teoría, sino en cómo ella nos sirve para crecer, para alcanzar los objetivos que nos proponemos o, en el caso de los restaurantes, para atraer más y mejores clientes, fidelizar a los que ya te compraron y brindar experiencias inolvidables. Por eso, es importante que pruebes las estrategias que te enseño y descubras cuáles te sirven.

Como he dicho anteriormente, en marketing no hay fórmulas secretas. Lo que me sirve a mí te puede servir a ti, siempre y cuando lo adaptes a tu realidad, a tus clientes y sus necesidades. No vale el *copy + paste*, porque cada restaurante es único y distinto del resto, lo mismo que los clientes.

Es cierto que podemos tomar lo bueno que hace la competencia y modelarlo en nuestro negocio. Modelar significa adaptar; es decir, eliminar lo que no consideres conveniente y agregar lo que creas que es necesario y no está contemplado. El resto es probar y corregir, errar y corregir.

Quisiera decirte que hay otro método, pero te mentiría y ese no es mi estilo. Y lo sucedido durante la crisis provocada por el coronavirus es la clara muestra, como ya vimos: la gran mayoría de restaurantes tuvo que cerrar las puertas y sentarse a esperar, porque no estaban preparados.

Algunos intentaron reaccionar e implementaron rápidamente el servicio a domicilio o el *take-away*. Sin embargo, fueron más pataleos de ahogado que medidas efectivas, porque las cifras de estas ventas no alcanzaban siquiera para cubrir los costos básicos de operación. Era una forma de sentirse vivos, pero en realidad no lo estaban.

Se dieron cuenta de que su modelo de negocios estaba caduco y no pudieron evitar que lo que habían construido se derrumbara. Y cuando abran de nuevo sus puertas, tendrán que enfrentarse a una nueva realidad: ¿Cuántos clientes tienen aún?

Esa es una pregunta que debe inquietar a los dueños de esos locales. Porque más allá de las pérdidas acumuladas por el cierre obligatorio, en la era post coronavirus tendrán que lidiar con otro enemigo: el miedo del cliente. Ese factor determinará en el futuro próximo la relación entre restaurante y comensales.

Además de verse obligados a revisar su modelo de negocios y hacer los ajustes necesarios, los dueños de restaurantes tendrán que enfrentar otra tarea prioritaria: reconquistar a sus clientes. Y tendrán ser muy creativos para conseguirlo.

¿Quién quiere entrar a un local cuyas mesas estén desocupadas? La gente prefiere hacer largas filas a la espera de un lugar que acudir a otro sitio donde hay espacio de sobra. La razón es tan sencilla como compleja: "Si este restaurante está lleno, es porque es bueno; si aquel está desocupado, es porque es malo".

Esto pasa por aquello de las neuronas espejo: de manera

instintiva, ejecutamos alguna acción simplemente porque otros también la hacen. Ocurrió cuando comenzaron las restricciones por el coronavirus y la gente salió a los supermercados a aprovisionarse de agua y papel higiénico. En pocos minutos acabaron con las existencias, siguiendo la conducta que habían visto en otros.

Las neuronas espejo serán aliadas o enemigas de los restaurantes en el futuro. Cuando alguna persona vea que otras entran a un local, pensará que es confiable, que allí el riesgo de contagio es menor. No será solo cuestión de aplicar los protocolos de seguridad e higiene, sino básicamente un tema de confianza.

La confianza es uno de los pilares del éxito de cualquier negocio, no solo de los restaurantes. En el caso de estos establecimientos, adquiere mayor relevancia porque, como sabemos, la persona que entra a nuestro restaurante nos está regalando lo más valioso que posee: su tiempo. Y si nos elige una y otra vez es porque tiene una razón poderosa para hacerlo.

Sin importar cuánto llevas en el mercado, si alguna vez ganaste una estrella Michelin, si antes del coronavirus tenías una clientela fiel y abundante, tendrás que renovar tu modelo de negocios. Dado que los hábitos del consumidor cambiaron durante la cuarentena, tus servicios tendrán que adaptarse a esas nuevas exigencias de seguridad, a sus miedos y sus dudas.

En el mundo gastronómico existe una regla no escrita: "El éxito de un restaurante depende en 60% de servicio y en 40% del resto", incluida la comida. Estoy convencido de que esa proporción cambió con el covid-19 y que ahora 80% corresponde al servicio y el 20% al resto. Y quizás me quede corto.

Es la nueva realidad con que se encontrarán los restaurantes. Habrá que reformular las estrategias que se utilizaba para atraer a los clientes y también aquellas destinadas a fidelizarlos. Eso implica, asimismo, una tarea que algunos se resisten a emprender: replantear su modelo de negocios, ajustarlo al nuevo mundo.

Dado que todo lo que haces y cómo lo haces debe responder a las necesidades de tu cliente, ya no tienes otra opción: tienes que dejar de pensar tu negocio como algo físico y trabajar para transformarlo en un híbrido digital. Si quieres sobrevivir, debes existir en el mundo digital.

Eso no significa, como ya vimos, tener una página web en la que publicas bonitas fotos de los platos que ofreces o abrir perfiles en algunas de las redes sociales. Se trata, fundamentalmente, de aprovechar el poder de las herramientas, de los recursos y de las estrategias que nos ofrece el marketing para construir un negocio sostenible.

Con este término, sostenible, me refiero a que sea un establecimiento que pueda responder a las necesidades de sus clientes, pero también hacer frente a las vicisitudes del mercado, como una crisis similar a la del coronavirus, una recesión económica, una catástrofe natural o lo que haga la competencia.

Para construir un restaurante sostenible, es indispensable que respondas lo siguiente: ¿sabes qué vendes? La respuesta parece obvia: en un restaurante se vende comida, también bebidas naturales y alcohólicas y algunas otras opciones como ensaladas y postres. Si esa fue la respuesta que se te vino a la mente automáticamente, hay problemas. ¿Por qué? Porque ese era el escenario del siglo pasado. Ahora, en el siglo XXI, la gente compra experiencias y transformación.

Experiencias que sean satisfactorias, enriquecedoras, alegres, inolvidables, que quiera repetir una y otra vez, porque sabe que siempre habrá algo nuevo que valga la pena. Transformación, porque la gente vive agobiada por la realidad, harta de una rutina que la desgasta y le impide disfrutar lo bueno de la vida. Quiere salir de allí, pero no sabe cómo. Necesita un guía, alguien que ya haya pasado por esa situación, la haya superado y esté donde él quiere estar.

Por eso mismo, una tarea imprescindible del nuevo modelo de negocios de los restaurantes es conocer cuáles son las necesidades de su cliente. Un reciente estudio de la consultora Kantar, titulado NeedScope, determinó que los consumidores están en la permanente búsqueda de respuesta a las seis necesidades prioritarias que lo inquietan. Veamos:

1. Sorpréndeme
2. Ayúdame
3. Tranquilízame
4. Edúcame
5. Impresióname
6. Emocióname

Son una mezcla de necesidades emocionales, funcionales y sociales. Y son distintas de las necesidades fundamentales del ser humano, aquellas que conocemos como la Pirámide de Maslow, una teoría sicológica establecida por Abraham Maslow en 1943 y que, a pesar del tiempo, mantiene vigencia. Veamos cuáles son:

1. Necesidades fisiológicas: respiración, alimentación, descanso, sexo.
2. Necesidades de seguridad: seguridad física, de empleo, de recursos, moral, familiar, de salud, de propiedad privada.
3. Necesidades de afiliación: amistad, afecto, intimidad sexual, respeto, ocio.

4. Necesidades de reconocimiento: autorreconocimiento, confianza, respeto, éxito.
5. Necesidades de autorrealización: moralidad, creatividad, espontaneidad, falta de prejuicios, aceptación de hechos, resolución de problemas.

Estas últimas son las que podríamos llamar vitales: satisfacerlas nos permite mantenernos vivos. En cambio, las establecidas por Kantar responden más bien a emociones, a esas experiencias que el consumidor necesita satisfacer al realizar una compra. Porque, cabe recalcarlo, la compra es un evento emocional.

Durante el proceso de compra, el cerebro se guía por las emociones, que son impulsos inconscientes, reacciones automáticas. Solo después, cuando la compra se realizó, actúa el componente racional de nuestro cerebro para justificar la decisión: "Me lo merecía", "Es lo que buscaba", "Fue una ganga" o "No me lo podía perder".

¿Cómo funciona esto? Cuando una persona entra en tu restaurante, lo que menos le importa es la comida. Seguramente quiere consumir ese salmón ahumado que le encanta o una crujiente pizza con queso derretido o un jugoso bife. Eso es la excusa, pero no la razón por la cual está allí.

Entonces, ¿cuál es? Vivir una experiencia distinta, agradable, pasar un rato feliz al lado de su pareja, de sus amigos, de su familia. Olvidarse de las preocupaciones del trabajo o de la economía. Tener un tiempo de intimidad con aquellos a quienes ama y disfrutar de la vida. Reír, llorar, celebrar, compartir, crear momentos que grabará en su memoria.

Así, cuando esa persona llega a tu restaurante, desde antes de cruzar por la puerta espera (exige) que cada momento tenga algo de magia, que sea el plan perfecto. Su deseo inconsciente es que todo lo que viva durante ese tiempo sea feliz.

Quiere que lo sorprendas con un cálido saludo, como el que se le brinda a un amigo especial, que lo trates como si estuviera en su propia casa, que recuerdes cuáles son sus gustos y estés listo para satisfacerlos. Para hacerlo, requieres saber cuántas veces te ha visitado, qué ha pedido, cuál es la entrada que más le agrada, cuál es la especialidad del chef a la que no puede resistirse.

Quiere que lo ayudes, porque a veces tiene ganas de salirse del plan habitual, quiere probar algo nuevo o quizás le atrae esa novedad que le propones. Necesita que lo asesores, porque no conoce esa cepa de vinos, no percibe cuál es la diferencia con el que siempre elige o no está seguro de que sea el acompañante ideal para el plato fuerte que pedirá.

Quiere que lo tranquilices, porque a lo mejor vivió un día, una semana o un mes muy agitado y está allí para tomarse un respiro. Su prioridad es que sea una velada ideal en la que todo encaje y pueda cambiar el chip de las preocupaciones por el de las emociones y la calma. Espera que respetes su intimidad, pero también que estés atento a los pequeños detalles que hacen la diferencia.

Quiere que lo eduques, para lo cual tienes que echar mano de contenido de calidad que le aporte valor y que lo compartas a través de tus canales digitales a los cuales está suscrito. Que le cuentes, por ejemplo, la historia del viñedo del que se surte tu restaurante o cómo la sugerencia del chef para ese día es un plato con rica tradición y arraigo en una región específica.

Quiere que lo impresiones con una nueva salsa que incorpora un ingrediente secreto que es una creación del chef, o que quizás le ofrezcas una copa del coñac que acabas de incluir en tu carta y que solo ofreces, por ahora, para tus clientes especiales. Él está dispuesto a que esa visita sea lo más parecido a una aventura, así que no lo decepciones.

Quiere que lo emociones, que lo hagas reír, que lo hagas llorar, que lo hagas sentir distinto, no un cliente más. ¿Qué tal un detalle especial para su mujer? ¿O un regalo sorpresa para los chicos? ¿O un bono de descuento del 20% que puede usar la próxima vez que te visite? ¿Qué tal que le pidas una foto familiar para tu galería de clientes especiales de internet?

La felicidad que tu cliente vive en tu restaurante durante el tiempo que permanece allí luego se transforma en fidelidad. Cada vez que quiera pasar un rato agradable o que tenga una celebración especial, pensará ese lugar en el que antes vivió experiencias inolvidables, en el que lo hicieron sentir como de la casa.

La clave está en la experiencia

Uno de los principales errores que comenten los restaurantes es que enfocan sus esfuerzos y sus recursos en la persecución de nuevos clientes y se olvidan de los clientes actuales. Adquirir un nuevo cliente es 12 veces más costoso que venderle otra vez a alguien que ya te compró. Esa es una premisa de marketing que aplica para todas las industrias.

Cuando un cliente percibe que, a pesar de su fidelidad, de que te elige una y otra vez, tu interés está centrado en clientes nuevos, se rompe el encanto, se enfría la relación. Y lo más probable es que se anime a probar otro lugar en el que sí lo hagan sentir especial. Si permites que ese cliente se vaya, quizás nunca lo puedas recuperar.

Una de las claves del marketing que muchos dueños de restaurantes desconocen es que la venta se realiza en la etapa de la experiencia. Si ese valioso tiempo que tu cliente te regala valió la pena, si regresó feliz a casa al igual que quienes lo acompañaron, volverá. De lo contrario, buscará otra opción.

Según las encuestas, el 90 por ciento de las personas juzgan esa experiencia a través del servicio que han recibido. Ese servicio comienza desde que navega en internet o en redes sociales y encuentra la información que desea sobre tu restaurante, el menú, las novedades, las facilidades para estacionar su auto, las promociones.

Por supuesto, no es una tarea que puedas realizar tú solo; se trata de un trabajo de equipo. Ese equipo debe estar empoderado, identificado con los valores de tu marca, con su propósito. Tiene que ser capaz de interpretar en la práctica aquello que tú piensas, diseñas e implementas.

Se requiere que estés rodeado de personas profesionales y capacitadas, pero especialmente con pasión por lo que hacen y con vocación de servicio. Personas que disfruten lo que hacen, que estén dispuestas a dar algo más de lo estrictamente necesario, que posean la empatía para ponerse en el lugar de tu cliente.

Si tus empleados no están conformes y no sienten pasión por lo que hacen, se retiran a los pocos meses de haber sido contratados. Esa rotación de personal es uno de los enemigos invisibles más peligrosos para un restaurante, porque dificulta o impide que tus planes se lleven a cabo, ya que no es posible desarrollar un sentido de pertenencia.

Recuerda que tus empleados, en especial aquellos que tienen contacto directo con tus clientes, son tu extensión, tus embajadores, los que te representan cuando tú no estás. Por eso, deben tener pasión, carisma, ganas de aprender y de superarse y, sobre todo, entender su trabajo.

No es una ley escrita sobre piedra, sino una realidad de los negocios en general. Los resultados del servicio que ofreces, la calidad de ese servicio responde en un 1% a la formación que das a tu personal y en un 99% a su entrenamiento. De nuevo, no es teoría, ¡es práctica!

Debes concebir a tu equipo de trabajo como si fuera, por ejemplo, un equipo de fútbol. Durante la semana, a lo sumo juega uno o dos partidos y el resto del tiempo entrena, sistematiza movimientos, afina la estrategia, refuerza conceptos básicos, busca alternativas para sorprender al rival, se identifica con la idea del director técnico.

Ahora tendrás que implementar un nuevo entrenamiento para que tu equipo se adapte a las restricciones de la era post coronavirus. Habrá que ser más pacientes, más diligentes, más respetuosos, más cuidadosos. Tú fijas la directriz, pero son tus empleados quienes la ponen en práctica y se relacionan con tus clientes.

Además, hay otro componente que debes tener en cuenta: tu liderazgo. Los buenos equipos solo consiguen resultados positivos cuando están guiados por personas que los inspiren, los motiven, saquen lo mejor de ellos y los recompensen.

No puedes pedirles a tus garzones que atiendan a los clientes con una sonrisa, con una genuina alegría si, tras bambalinas, los maltratas, los agredes verbalmente, si no les cumples con el salario o las bonificaciones prometidas. Tampoco lo conseguirás si no comulgan con tus valores, con los principios de tu proyecto, con el propósito de tu negocio.

La clave del liderazgo es el buen ejemplo. Si tus empleados ven que estás alegre, a pesar de las dificultades y las quejas de los clientes; si ven que no pierdes la compostura y aceptas con humildad las críticas; si ven que reconoces sus logros, que aceptas sus equivocaciones y les enseñas, no dudarán en hacer un esfuerzo extra. Su nivel de compromiso será muy sólido.

Una de las estrategias más importantes y necesarias del marketing es la medición de los resultados. En internet, por fortuna, cada clic queda registrado en algún lugar. Es posible saber quién lo hizo, a qué hora, desde qué lugar, en qué etapa del proceso, en fin. Lo mismo debes hacer en tu restaurante: un seguimiento detallado de todo lo que ocurre, lo positivo y lo negativo.

Lo positivo, porque hay que reforzarlo y repetirlo. Lo negativo, porque hay que corregirlo, en especial si está relacionado con el servicio al cliente. En este aspecto, es clave que escuches a tus empleados, que atiendas sus inquietudes y consideres sus sugerencias, que los hagas sentir importantes y valiosos.

En marketing, lo que no se mide (no se le hace seguimiento) no brinda resultados. Lo que se escapa de tu control tarde o temprano se transforma en un obstáculo insalvable. Debes medir y evaluar, medir y corregir, medir y reforzar, medir e innovar. Y, por supuesto, además necesitas escuchar con atención a tus clientes: ¡su retroalimentación es oro puro!

Por eso, debes monitorear permanentemente lo que dicen de ti y de tu negocio en las redes sociales, en portales como TripAdvisor. Esas son referencias que tienen mucho peso para otras personas, para potenciales clientes, para clientes actuales. Monitorea y, si hallas algo que puede generar ruido o ser fuente de preocupación, atiéndelo, gestiónalo, soluciónalo.

Nunca olvides que hacer negocios, sin importar a qué te dedicas, consiste en establecer una relación de confianza y credibilidad con tus clientes. Si ves que un cliente está molesto o insatisfecho, no mires para otro lado: abórdalo, pregúntale y escúchalo. Es preferible que te sonrojes a que lo pierdas.

¿Sabes en qué consiste tu trabajo?

Una de las razones más frecuentes por las que hay fallas en el servicio al cliente es que las personas no saben en qué consiste su trabajo. Y es que la inmensa mayoría desconoce uno de los secretos más poderosos del marketing: sin importar a qué nos dedicamos, todos hacemos exactamente el mismo trabajo.

Voy a explicarme para que comprendas cuán valioso es para tu restaurante poner en práctica esta premisa. Es cierto que cada cargo tiene un rol específico: así, por ejemplo, el gerente debe administrar los recursos, velar por una gestión positiva; el chef es el corazón de la cocina, también el responsable de los productos que aparecen en la carta. La persona que maneja la caja tiene la responsabilidad de cuidar que se facture estrictamente lo que cada cliente consumió, que el trámite del pago se realice con prontitud y amabilidad. Los asistentes de la cocina no solo deben seguir las instrucciones del chef, sino que también deben cuidarle la espalda, garantizar que cada plato que salga de allí cumpla los estándares de calidad.

Y así sucesivamente. Cada cargo tiene un rol específico. Sin embargo, todos ellos cumplen una sola labor y para eso fueron contratados: para atender a los clientes y brindarles una experiencia de calidad. Esto es crucial en momentos post coronavirus, en los que la sensibilidad del cliente está a flor de piel y el miedo también. Para conseguir el flujo de clientes que garantice la sostenibilidad de tu restaurante, debes asegurarte de que cada uno de los jugadores de tu equipo haga lo justo para alcanzar el resultado deseado.

No olvides un concepto básico: la esencia de la industria de la hostelería es la hospitalidad. Por eso, repito la pregunta clave que se hacen tus clientes a la hora de elegir (o descartar) tu restaurante: ¿qué hay aquí para mí? Si la respuesta es solo comida, es un mal síntoma: quizás vayan una vez, pero seguramente no volverán.

Para responder esa interrogante, debes conocer cuáles son las necesidades de tus clientes, qué los mueve a elegir tu restaurante y no otro, por qué regresan una y otra vez.

En primer lugar está la comida, obviamente. Pero dado que hay tantas buenas ofertas de diversos estilos y precios, la comida tiene cada vez menos peso a la hora de elegir el sitio para pasar un tiempo con aquellos que más amas. La calidad se da por descontada y la variedad y la especialización aportan un plus.

El siguiente peldaño es la atención al cliente, de la que ya hablamos. Es la que aporta esa experiencia inolvidable que esa persona quiere vivir en tu restaurante. Y no se trata solo de una sonrisa y escucha activa, sino de empatía, respeto y paciencia, de hacerlo sentir importante.

Para cumplir con estos objetivos, en tercer lugar está la personalización, que comienza desde mucho antes de que ponga un pie en tu restaurante: arranca en las redes sociales e internet, con contenido de valor, sugerencias, sorpresas y otras opciones que puedas brindarle. La idea es que cuando ocupe una de tus mesas, sienta que es alguien especial.

El cuarto renglón lo ocupan los programas de fidelización. Una vez que captaste un buen cliente, tu siguiente tarea es nutrirlo, enriquecer y fortalecer la relación establecida para que vuelva una y otra vez a tu negocio y, mejor aún, para que traiga otros buenos clientes y hable bien de ti y de tu restaurante. Debes implementar programas de fidelización con ofertas, descuentos, regalos.

Por último, con énfasis especial en esta era de pandemia, la limpieza. Siempre fue un factor importante, pero ahora es crucial. El menor detalle que despierte la desconfianza de tu cliente hará que no vuelva más. Los protocolos deben ser estrictos y tienes que asegurarte de que se sienta tranquilo. Recuerda: el miedo estará latente por mucho tiempo.

Y hay un factor más que no debes despreciar: el arte de resolver las quejas. Es la principal razón por la cual un cliente que parecía satisfecho, con el que jamás hubo problema, no vuelve a tu restaurante. Al sentir que su opinión no es importante para ti, prefiere apartarse y buscar otro lugar en el que puedan satisfacer todas sus demandas.

El negocio híbrido, el cliente híbrido

En el escenario actual, los negocios necesitan adquirir una doble personalidad: la física y la digital. Se requiere ambas y, en especial, la digital, porque —como quedó demostrado durante la cuarentena— la vida se maneja a través de internet.

Como los restaurantes sufrirán en gran medida las consecuencias del proceso de retorno a la normalidad, habrá que adaptarse a esas nuevas condiciones, que no son tan nuevas. Si bien es difícil precisar su origen, hay documentos que nos indican que la versión inicial del menú se conoció en la Edad Media, en los festines de los nobles. Luego, en el siglo XVIII, pasó a formar parte del servicio de los restaurantes en Francia. Y no lejos de allí, en Inglaterra, en 1849, con motivo de un banquete, el duque Enrique de Brunswick presentó una lista de platos que se serviría. Luego se popularizó y evolucionó de un listado simple a cartas con bellísimos diseños y, más tarde, con las fotografías de algunos de los productos.

Sin embargo, ese dinosaurio también se extinguió. Esos elementos que pasan de mano en mano constituyen un alto riesgo de contagio y, por ende, deben ser eliminados. Entonces, los restaurantes aprendieron que los clientes están abiertos a hacer pedidos vía internet.

Pero requieren ayuda. Y ¿qué mejor que la encuentren en el teléfono celular o en la tableta o el computador, a solo un clic de distancia? Durante la cuarentena, los consumidores compraron medicamentos y productos del supermercado, solicitaron comida a domicilio, hicieron trabajo remoto y otras actividades como transacciones bancarias, todo desde casa con el móvil.

Irónicamente, muchos restaurantes que ofrecían el servicio a domicilio no pudieron atender a sus clientes, porque estos no podían hacer pedidos a través de internet o no podían hacer los pagos. Ello ocurrió porque durante muchos años los restaurantes vieron como algo prescindible implementar el menú electrónico y digitalizar sus negocios.

Y cuando más lo necesitaban, lo echaron de menos y perdieron clientes y dinero. Por eso ahora, en la fase de reapertura de las actividades, una tarea prioritaria es pasar a lo digital.

Será el momento en que la carta menú, el dinosaurio recientemente extinguido, surja como el ave Fénix, pero en formato digital. Ahora será la puerta de entrada a tu restaurante, el gancho para atraer a los comensales, el lugar que los clientes consultarán antes de tomar la decisión de dónde pasarán ese rato al lado de familiares y amigos. Exigirán que los servicios que se presten estén habilitados como si nada hubiera ocurrido. Y no querrán comer más hamburguesas o menús de emergencia, sino sus platillos y bebidas favoritas.

La carta menú digital es una versión digital de tu restaurante que viaja en el dispositivo de tu cliente a todas partes. Es también un efectivo canal de comunicación a través del cual puedes enviarle cortos mensajes para que, por ejemplo, visite tu blog en el que encontrará información interesante, vea un corto video, se entere de promociones y haga comentarios.

Es crucial, por lo tanto, que la funcionalidad que elijas sea intuitiva y sencilla de operar para cualquiera. Es importante, asimismo, que los clientes puedan acceder a la carta menú digital por medio un código QR, de búsquedas en internet, de una app instalada en el dispositivo o por un enlace que tú publicas en redes sociales o le envías por email.

La carta menú digital ya no es solo un listado de los productos que vendes y de los precios, sino un canal de comunicación. De hecho, está diseñada para que sea un efectivo medio de prospección; es decir, para conseguir nuevos clientes. Por eso, es importante que el acceso sea restringido a los usuarios que se suscriban voluntariamente, que dejen su información básica para engrosar tu base de datos.

Es, también, una poderosa herramienta de fidelización. A través de ella, puedes enviar cortos mensajes, publicar videos y fotografías, hacer encuestas o concursos, responder las inquietudes de tus clientes, brindar beneficios extra como los que surgen de alianzas con otros establecimientos afines o con tus proveedores, o pedirles que rellenen un breve cuestionario de satisfacción.

También es necesario que, a través de este canal digital, tu cliente pueda hacer reservaciones. Recuerda: la carta menú digital es tu restaurante en el móvil o en el dispositivo de tu comensal, viaja con él todo el tiempo, está a su disposición en cualquier momento. Por eso, debes incluir enlaces a tus redes sociales (Facebook, Twitter, Instagram, WhatsApp) para que pueda compartir contenidos.

La idea es que la carta menú digital esté tan bien elaborada que motive el mayor consumo de tu cliente. No solo debe cumplir con el objetivo de ayudarle a tomar la decisión de elegir tu restaurante para esa velada especial, sino que también debe abrir su apetito, despertar su ansiedad por probar ese rico helado o el postre que el chef acaba de incluir como novedad en el menú.

Y algo muy importante en esta era: la carta menú digital debe ser el medio a través del cual tu cliente haga su pedido por anticipado o cuando ya esté sentado en una mesa de tu restaurante. Además, es el medio ideal para que también haga el pago correspondiente. Así evitas que tenga contacto con cualquier elemento físico que pueda despertar su temor al contagio.

En suma, la carta menú digital es la cristalización del objetivo que nos trazamos al comienzo de estos capítulos. Recuerda: si no eres un híbrido físico-digital, la tarea de conseguir clientes será difícil y costosa y, además, tendrás serios problemas para fidelizar a tus clientes. Porque acabamos de entrar en la era del cliente híbrido.

¿A qué me refiero? Los ciudadanos están ansiosos por recuperar su autonomía, su libertad para ir adonde quieran, cuando quieran, pero por un tiempo imposible de determinar continuarán observando las medidas de seguridad que impidan que se contagien del coronavirus. Será algo así como una lucha interna entre el 'quiero salir, pero me da miedo', entre el '¿salgo o me quedo en casa?'.

Entonces, si deseas que tu restaurante sea un negocio sostenible, que no esté expuesto al vaivén de las crisis, de los impactos del mercado o de la economía, debes ser rentable tanto en el medio físico como en el digital. Y para conseguir ese objetivo, debes satisfacer las expectativas de ese nuevo cliente híbrido que irá de un ámbito al otro, siempre con la expectativa de vivir una experiencia única.

En el pasado, lo mencioné antes, era el cliente el que llegaba a tu restaurante en busca de comida. Ahora es tu restaurante el que debe viajar a todas partes en su móvil y estar presto a satisfacer sus necesidades y sus caprichos fácil y rápidamente, a la distancia de unos pocos clic. No lo olvides: Si Mahoma no va a la montaña, la montaña va a Mahoma.

La pandemia nos dejó grandes lecciones a todos. En el caso de los restaurantes, prendió las alarmas acerca del modelo de negocio convencional, que demostró estar caduco. Y no hay vuelta atrás: o ingresas al mundo digital o desapareces.

CAPÍTULO 3
TU CLIENTE
¿QUIÉN ES?
¿CÓMO DEFINIRLO?

Tu *bendición* o tu *perdición*. Así es la vida, de extremos, de polos opuestos. Un día, antes de que se presentara el coronavirus, sonreíamos, conversábamos animadamente, nos tomábamos un vino y degustábamos nuestro platillo favorito. La vida nos sonreía y no imaginábamos que después esa feliz realidad iba a cambiar de manera tan drástica. Y lo peor es la incertidumbre de cómo va a continuar.

No hay nada más triste que un restaurante con sus mesas vacías, en silencio, sin carcajadas ni conversaciones, sin momentos inolvidables que queden grabados en la memoria. El cliente es la razón por la cual el propietario y el chef, que en muchos casos son la misma persona, le dan rienda a su pasión por la gastronomía.

No sé cómo serán estos establecimientos después del coronavirus. Quizás nunca conozcamos las cifras reales, pero lo cierto es que esta industria quedó muy herida. Aquellos que no pudieron reaccionar ante la crisis, que no supieron cómo hacerlo, que no disponían de los recursos y herramientas para reinventarse y sobrevivir, cerraron sus puertas por determinación de las autoridades y nunca las volverán a abrir.

Un estudio de la consultora Bain & Company detalló las

causas de esa catástrofe en el sector de la restauración: su vulnerabilidad. "Tanto los restaurantes como el alojamiento muestran una exposición mayor a los ciclos económicos, dada su correlación con la renta disponible", es la conclusión del informe. Y la explicación es muy dolorosa: "Por norma general, se opera con márgenes de beneficios muy bajos". En otras palabras, los restaurantes viven de lo que recogen cada día, dependen exclusivamente del flujo de clientes. Y contar con un buen flujo de clientes es, precisamente, su mayor debilidad.

La mayoría de los restaurantes en España, Chile, Estados Unidos y en todo el mundo, ha hecho caso omiso de las estrategias elementales del marketing, en especial de aquellas que se puede aprovechar a través de los distintos canales digitales. Tal vez obedezca a que al negocio gastronómico se lo concibió siempre como algo propio del mundo físico. Ese es un grave error y te lo voy a demostrar en las siguientes líneas. El negocio de los bienes raíces, el inmobiliario, también siempre fue parte del mundo físico. Hasta hace unos cuantos años, a nadie se le pasaba por la cabeza la idea de vender propiedades por internet, fidelizando a sus prospectos hasta transformarlos en clientes. Y yo era uno de ellos: vender propiedades de esa manera me parecía una locura.

Pero hoy soy doble récord mundial certificado de venta de terrenos y parcelas a través de internet, una distinción que me otorgó en 2019 la Official World Records. No solo se puede hacer, sino que es más rentable, fácil y seguro. ¡Son muchos los beneficios!

¿Cómo logré certificarme como doble récord en un mundo tan competitivo como es este rubro? Simple: apliqué todo el contenido que hoy te estoy traspasando.

Desgraciadamente, muchos dueños de restaurantes creen

que tener vida en internet, en las redes sociales, consiste en abrir una página web en la que se cuenta la historia del lugar, se muestra las credenciales del chef y se exhibe atractivas fotografías de los productos. Por supuesto, no es así; eso equivale a no estar en internet. De hecho, un reciente estudio de marketing relacional indica que el 50% de las personas encuestadas prefieren recibir información en su cuenta de correos, lo que indica que la efectividad comercial de las redes sociales va en picada.

El consumidor ya no es el mismo de antes debido a la revolución digital, a la irrupción de internet en nuestra vida y en nuestro trabajo. Pero muchos restaurantes siguen viviendo en el siglo pasado. Esto significa que no conocen a sus clientes, no saben quiénes son, cómo atraerlos y, mucho menos, cómo retenerlos. Están convencidos de que llegan a sus mesas porque "el restaurante es muy bueno", "porque la comida es de calidad", "porque los precios son competitivos", "porque la atención es buena". Pero están equivocados.

Te lo repito: antes del coronavirus, yo era cliente habitual de varios restaurantes de Puerto Varas, la ciudad en el sur de Chile donde resido hace más de 10 años. Al menos dos noches de la semana estaba allí, sentado en una mesa con mi esposa, disfrutando de la comida, de las atenciones, del agradable ambiente, de un rato de intimidad que nos hacía sentir muy felices.

Asimismo, gracias a las bendiciones de la vida, puedo viajar dos o tres veces al año por el mundo con mi señora o en familia. Y, por supuesto, uno de los placeres es recorrer restaurantes conocidos y premiados para deleitar el paladar y conocer más secretos de esta industria.

He seguido los consejos de amigos que ya estuvieron allí y de personas que la vida puso en mi camino y de las que aprendí mucho. Además, he tenido el privilegio de navegar (mi gran pasión). Mi última travesía fue por las costas de España y no me salté ninguna cala con esos inolvidables restaurantes posados en las playas. Los viajes me han enseñado mucho de cocinas y culturas diversas.

Por eso, siento que tengo la autoridad moral para decir que la gran dificultad de los restaurantes en tiempos de crisis es que no saben quiénes son sus clientes ni cómo mantenerse en contacto con ellos. Y lo sé, porque hago negocios por internet desde hace más de veinte años.

La especialización es la clave

Hace unos años, antes de que el mundo y los clientes cambiaran por la irrupción meteórica de la tecnología y su impacto en la vida cotidiana, los restaurantes eran "para todo el mundo". Su carta era como una feria de pueblo, con platos diversos para tratar de abarcar los gustos de todos los comensales.

Una tendencia de la que resultó como ganador el cliente. ¿Por qué? Porque se abrió la oferta, porque la competencia entre los restaurantes se hizo más reñida, porque ahora puede elegir adónde ir, sabiendo que hallará lo que busca.

Eso supuso un cambio de reglas y de roles. Antes, el dueño de un restaurante solo se preocupaba de la cocina, el local y las cuentas. Ese modelo se quedó en el siglo XX, porque ahora ese propietario es un empresario integral; es decir, además de lo anterior, debe ser anfitrión, comunicador y emprendedor. Vamos por partes. ¿Por qué anfitrión? Porque para los buenos clientes, su restaurante favorito es como su segunda casa. Imagina que llegas a la casa de mamá o de la abuela un domingo y sabes que vas a disfrutar esos raviolis con carne que tanto te gustan, o el salmón ahumado que te hace agua la boca. Sin embargo, lo que más te atrae es el abrazo y el beso que te dan al entrar. La comida es la excusa, una buena excusa, pero lo que realmente quieres vivir son esos segundos interminables del abrazo de mamá o de la abuela. En un restaurante sucede lo mismo cuando ya eres un cliente regular y, una vez que te sientas a la mesa que te gusta, aparece el propietario y te saluda no como un cliente, sino como un amigo de la casa.

Ahora, veamos otro escenario: llega a tu restaurante una familia, padres y dos hijos menores que te visitan por primera vez. No puedes esperar a que la comida haga milagros, a que la atención del garzón los maraville: tienes que dar el primer golpe. ¿Cómo? Te diriges a la mesa, te presentas y les expresas tu agradecimiento por haberte elegido. Y guardas una sorpresa para el final.

¿Qué sorpresa? Por ejemplo, el postre es gratis o un *souvenir* para los niños. Te aseguro que esa será una experiencia que no olvidarán, que les hará querer volver pronto a tu restaurante y que compartirán con sus familiares, amigos y compañeros de trabajo. Ahora se requiere que seas un excelente anfitrión, una cara visible, o que delegues en alguien que lo haga tan bien como tú.

También tienes que aprender a comunicar, que no solo significa emitir mensajes, sino especialmente aprender a escuchar. Sí, porque uno de los graves problemas de los restaurantes es que no saben escuchar a sus clientes. ¡Tienen pánico de las críticas, de las opiniones negativas! Sin embargo, esa es una prevención, porque no siempre los clientes quieren quejarse. A veces, simplemente, quieren saber cuál es ese ingrediente desconocido que le da un sabor muy especial al plato fuerte, o quieren hacer una sugerencia acerca de la carta, o quieren saber cómo reservar un rincón especial para una próxima celebración familiar. Por supuesto, también se van a quejar y ese es el momento en que más atención debes prestarles.

Producto de la revolución digital, el cliente del siglo XXI salió del cascarón, se empoderó y asumió un rol protagónico. Eso quiere decir que dejó de ser un agente pasivo y se convirtió en uno activo, muy activo. Dado que la oferta es mucho mayor que la demanda, entiende que tiene poder y sabe cómo utilizarlo a su favor. Y entiende también que ahora su voz es importante.

Por eso, como dueño de tu restaurante, tienes que ser un buen comunicador de doble vía: no solo para emitir mensajes, sino también para recibirlos, para aceptarlos. Olvídate de enviar al administrador a que ponga la cara y responda con evasivas, porque esa es la peor estrategia. ¡El consumidor actual quiere entablar una relación con el dueño!

Debes, además, ser emprendedor. La clave del éxito del negocio de un emprendedor consiste en establecer una relación de largo plazo con cada uno de sus clientes, una relación basada en la confianza, la credibilidad y el respeto. Es lo que conocemos como "atención personalizada", un estrecho vínculo que va más allá de los negocios o de una compra. Recuerda que ya estás fidelizando y es muy importante que esa fidelización sea continua en tu restaurante; de lo contrario, desconcertarás a tu cliente.

En el pasado, una gentil atención por parte del garzón era suficiente. Hoy es la mínima parte de la experiencia que tu comensal espera vivir en tu establecimiento, apenas uno de los componentes de la atención integral. Él quiere que lo atiendan como si estuviera en su casa, que lo mimen y lo consientan. Por ende, lo primero que debes hacer es conocer a tus clientes habituales por sus nombres.

Cuando fidelizas, lo haces de manera personalizada; ya conoces digitalmente a tu cliente, y debes tratarlo de la misma manera en tu restaurante.

No es lo mismo que te reciban con un "buenas noches, bienvenido" o que te digan "Qué bueno, don Rodrigo, que esté otra vez con nosotros. Señora María Luisa, está usted muy elegante. Por favor, permítame su abrigo". Esas personas se sienten como en casa, saben que llegaron a un lugar familiar donde en verdad son apreciados. Con la excusa de que hay que cuidar la privacidad, muchos restaurantes evitan establecer una relación con sus clientes frecuentes. ¡Ese es un mito! Preguntarles sus nombres no te impide preservar la privacidad de esas personas y les envía un mensaje poderoso: "No son unos clientes más, sino personas a las que apreciamos y valoramos".

El emprendedor, además, diseña una serie de estrategias para conseguir que ese cliente vuelva una y otra vez. Y también genera estrategias que lo motiven a convertirse en un evangelizador de tu marca; es decir, que hable bien de tu negocio, que te refiera otros buenos clientes como él, que traiga a sus amigos, a los compañeros de trabajo.

Son esas otras las tareas que el negocio de los restaurantes demanda hoy de los dueños. ¡Tienes que salir de la cocina, de la oficina de administración! El verdadero negocio está en el salón, en cada una de las mesas en las que están tus clientes. Ahí debes estar, primordialmente: poniéndole el pecho a lo que sucede, dirigiendo su experiencia.

Para hacerlo, sin embargo, necesitas saber quién es, cómo es, no solo cómo se llama. Una de las graves deficiencias de los restaurantes que quedó al descubierto durante la pandemia es que no poseen bases de datos confiables. En esencia, no saben quiénes son sus clientes, cómo son o dónde están.

El activo más valioso de mi negocio de propiedades es mi lista (base de datos). Si hoy mi empresa quiebra o la vendo, mañana mismo, con mi lista, puedo comenzar cualquier otro negocio similar y que sea rentable en poco tiempo, porque sé quiénes son mis clientes, tengo cómo comunicarme con ellos, ya los conozco y sé cuáles son sus necesidades y cuál es la solución.

El tesoro de las bases de datos
Una de las tareas más importantes de un emprendedor, una que realiza todos los días, es la nutrición de sus clientes actuales. ¿Sabes por qué? Porque es más fácil y barato conseguir que un cliente que ya te compró vuelva a comprarte que buscar un cliente nuevo.

En los negocios digitales, que no son diferentes de los físicos, la relación con el cliente se desarrolla en cuatro etapas: atracción, conquista, nutrición y fidelización. En la fase de atracción le dices "Oye, aquí estoy, tengo algo para ti". En la de conquista, tu mensaje es "Tengo justamente lo que deseas, lo qué necesitas, la solución para tu dolor, para tu problema", y se lo demuestras.

Luego, en la etapa de nutrición, cumples esa promesa y le das más de lo que le ofreciste, le brindas un valor adicional, le das contenido de valor. En otras palabras, le das motivos para que te elija a ti una y otra vez. Por último, en la fidelización despliegas aquellas estrategias que harán que hable bien de tu marca, de la experiencia que vivió contigo, y te refiera otros buenos clientes.

¿Haces esto en tu restaurante? ¿O te limitas a esperar que lleguen los comensales para venderles? Si esto es lo que haces, ¡preocúpate!, puede que no logres sobrevivir con la siguiente crisis. Si no tienes una relación de confianza y credibilidad con tus clientes, estás en riesgo. Y esa relación solo es posible bajo dos parámetros: conoces bien a tu cliente, sabes bien quién es y cómo es, y sostienes una fluida comunicación de ida y vuelta, un permanente intercambio de beneficios. ¿Haces esto en tu restaurante? ¿Posees una buena base de datos que te permita cerrar este restaurante y abrir otro después y funcionar como si nada hubiera ocurrido?

Te doy un ejemplo: se acerca el cumpleaños de tu mujer o la fecha del aniversario y quieres hacerla sentir bien, que entienda que es muy importante en su vida. ¿Cómo lo logras si no sabes qué le gusta? ¿Le regalas flores, pero ella es amante de los perfumes? ¿La invitas a comer a un restaurante italiano, pero su debilidad es el sushi? ¡Cuidado, pueden pedirte el divorcio!

Hoy es imprescindible que tengas la hoja de ruta de tu cliente actualizada; es decir, que guardes la información detallada de cuándo te visitó, con quién estaba, qué consumió, cuánto tiempo duró su estadía, qué vino pidió, cuánta propina dejó. Son todos datos numéricos que se pueden llevar fácilmente en un archivo de Excel y que actualizas cada vez que va a tu restaurante.

"Don Martín, si desea, hoy también está disponible el salmón que pidió la última vez. Pero, si me lo permite, el chef le sugiere una nueva receta, con calamares, que también le gustan". Cuando un cliente vive algo así, entiende que no está en un restaurante cualquiera, se da cuenta de que es valorado y no es un número más en las cuentas de la empresa. Y se va a sentir muy bien.

Tu registro de cada cliente debería contener la siguiente información, como mínimo:
1. Nombre
2. Apellido (opcional)
3. Fecha de nacimiento
3. Correo electrónico
4. Número de WhatsApp

5. Ciudad (Quizás tu cliente te visita de manera esporádica, vacaciones, viaje, etc.)
6. País (Quizás es de otro país, debes conocer de dónde te visita)

¿Cómo recolectar esa información? Una de las formas más usadas hoy es que tu cliente solo tenga acceso a tu carta menú digital y *online* desde su celular y con su registro por medio de un código QR. Ahí recopilas toda esa información. Si se niega a ingresar sus datos, lo atiendes igual, pero ya sabes que él no es un cliente ideal para ti y no estará en tu base de datos para recibir tu información por mail. Es decir, el cliente debe completar un formulario con la información que le solicites y recién entonces podrá ver la carta menú digital, las recetas, preparaciones, fotos y precios.

También lo puedes hacer participar en un concurso que lo tiente a entregar sus datos. Otra estrategia que se usa desde antes del covid es que, cuando tu cliente se sienta a una mesa, se le informa que dispone de conexión gratuita de wifi y que, aparte de navegar gratis, podrá descargar la carta menú digital desde su celular para hacer su pedido e incluso pagar desde el celular. Para eso, debe completar el formulario.

¿Te diste cuenta de algo muy importante y poderoso de utilizar estas estrategias? No solo recolectarás la información personal del jefe de mesa o del papá, del marido o novio, sino de todos los comensales de esa mesa. Podrás fidelizar a cada uno de los que te visiten o realicen pedidos para ser despachados o para retirar. Esta información es fabulosa.

Así, por ejemplo, como sabes cuál es la fecha de su cumpleaños, una semana antes le envías un correo invitándolo a que lo celebre en tu restaurante junto con su familia y sus amigos y le informas que para el festejado es gratis o que hay precios especiales y sorpresas. Seguro se va a sorprender y, si ya tiene planes, lo pensará dos veces. Si no acepta, igual quedará muy agradecido por el detalle.

Lo mismo puedes hacer cuando se acerque el cumpleaños de su mujer o la fecha del aniversario de bodas: les ofreces una cena especial, les regalas una botella del vino que más les gusta y también puedes tomar unas fotografías o un video que les vas a enviar después y que vas a publicar, si él acepta, en la web y las redes sociales de tu restaurante.

Como mencioné antes, hoy el dueño de un restaurante tiene que ser un empresario digital e integral, uno que vaya un par de pasos por delante de los deseos de su cliente, de modo que lo pueda complacer y sorprender. Si, por ejemplo, no ha ido a tu restaurante en el último mes, le envías un mensaje preguntándole si todo está bien y lo invitas a que vuelva.

Esos pequeños detalles son los que enamoran a los clientes. Sin embargo, si ni siquiera sabes cómo se llama porque lo único que te interesa es que vuelva y compre, jamás podrás darle esa atención integral personificada que se traduce en una experiencia inolvidable. Por eso, es importante que mantengas una comunicación fluida y frecuente con él.

Por ejemplo, una vez a la semana le envías un corto mensaje en el que le cuentas las novedades del menú o de la temporada, y le informas que el viernes en la noche habrá música en vivo, un trío que interpreta boleros (lo que más le gusta, por eso hay que preguntarle por sus aficiones). Y hasta puedes contarle algunos secretos de sus platos preferidos para que se antoje otra vez.

En el siglo pasado, hacer negocios era finiquitar una transacción económica: tú vendías un producto o un servicio y el consumidor lo compraba. Fin de la historia. Eso está caduco, ya no sirve: ahora se trata de brindar experiencias inolvidables, detalles que van mucho más allá del solo menú o de la calidad de la comida.

Cuando invitas a tu casa a tus familiares porque les vas a contar que tu esposa está embarazada y van a tener su primer hijo, cuidas que sea un momento especial, único, que no se repetirá jamás. Y te esfuerzas para que esas personas a las que amas experimenten tu alegría, la compartan. Por eso, preparas la cena que más les gusta, eliges su música preferida y hasta les das un regalito.

Por supuesto, regresarán a su casa felices por la buena nueva y por las atenciones, porque se dieron cuenta de que son importantes para ti. Eso es en lo que un cliente piensa cuando elige tu restaurante para una velada. ¿La comida? Recuerda: es solo la excusa.

Esas personas no solo están dejando cierta cantidad de dinero a tu negocio, sino que te están regalando lo más valioso que poseen: ¡su tiempo! Pudieron ir a otro lugar o quedarse en casa y pedir a domicilio, pero eligieron ir a tu restaurante. ¿Por qué? La respuesta a esta pregunta encierra la clave del éxito (o del fracaso) de tu negocio.

Recuerda que el marketing desarrolla sus estrategias en cuatro fases: atracción, conquista, nutrición y fidelización. Tu trabajo consiste en diseñar, implementar y medir el alcance de esas acciones, certificar que se cumplan a cabalidad y que los objetivos propuestos fueron alcanzados. No tienes que hacerlo solo, porque para eso están los equipos especializados que te pueden ayudar.

Cuando tú sabes quién es tu cliente, qué le gusta, a qué se dedica o cuáles son sus aficiones, entre otros datos, puedes enfocar tus estrategias, mejorar tu carta, determinar tus precios (según su poder adquisitivo), adecuar la oferta, en fin.

Pero, además, puedes saber qué tipo de contenidos debes publicar en tu blog, en tus redes sociales, y qué publicidad debes hacer.

Todas las estrategias de marketing las efectúan automáticamente herramientas digitales de alto poder e impacto para tu restaurante. Esas herramientas manejan tus bases de datos o listas, el capital más valioso de tu negocio, las que están conformadas por prospectos que se irán transformando en clientes según los vayas fidelizando.

Tu base de datos debe incluir a clientes ideales para tu negocio. Y lo logras capturando prospectos en redes sociales o en otros medios, con mensajes que solo lleguen al comensal que buscas, de modo que no se registren aquellos que no te interesan y solo ensuciarían tus bases de datos. Por ejemplo: ¿de qué te sirve que se registre una persona a la que le guste la comida peruana si tú no la tienes? Nunca será tu cliente. Si tu especialidad es carne, entonces busca solo a quienes disfrutan de ella.

El cliente se busca con un mensaje adecuado para él. Y para eso tienes que conocerlo. De esto hablaremos en detalle más adelante: la búsqueda del avatar o cliente ideal generará un positivo impacto para tu negocio.

Hay algo que no puedes pasar por alto: recuperar el contacto con viejos clientes. Suele ocurrir que algunos desaparecen del panorama porque están muy ocupados, porque viajaron, porque se cambiaron de ciudad, por una enfermedad, en fin. Si tienes sus datos, puedes contactarlos y decirles que los estás esperando, hacerlos sentir importantes.

Recuperar a los clientes perdidos es una de las estrategias más efectivas para generar otras fuentes de ingreso y, además, es un proceso más barato que adquirir nuevos clientes. ¿Por qué? Porque ya no partes de cero, porque ya te conocen, conocen el lugar y la cocina. Con un buen mensaje que les envíes, se les dispara la necesidad y regresan a tu restaurante.

Otra alternativa que cobrará importancia en la era posterior al coronavirus es contar con un efectivo sistema de reservas. Nada más molesto que llegar a tu restaurante favorito y que no haya mesas disponibles. O que esté ocupada esa que tanto te gusta. Que la reserva se haga por internet es un plus interesante, en especial para tus clientes habituales.

Estrategias efectivas: ¿ya las implementaste?

No es un capricho, es marketing. Repito: hoy, el dueño de un restaurante tiene que ser un empresario integral que debe salir de la cocina y dar la cara allí donde están los clientes. Conversar con ellos, escuchar sus opiniones y sus quejas y socializar con ellos (tomarte fotos, por ejemplo) son acciones que te permitirán establecer un poderoso vínculo de confianza y credibilidad.

No puedes quedarte sentado a esperar que ellos lleguen a ti: ¡tienes que atraerlos, capturarlos! Los consumidores buscan permanentemente buenas opciones, mejores alternativas: el cambio es una de las dinámicas de la vida. Sin embargo, también procuran estabilidad, seguridad, confianza.

¿Eso qué quiere decir? Que cuando encuentran un lugar en el que les brindan aquello que desean y un poco más (esto último es muy importante), lo eligen una y otra vez. Es como cuando uno está joven y le gusta probar, aventurar, viajar, pero llega el momento de sentar cabeza, de echar raíces en algún lugar: una vez encuentra el adecuado, allí se queda. ¡Tienes que atraerlos, capturarlos!

Acá te menciono algunas estrategias que te ayudarán a conseguirlo:

1. Haz promociones por tiempo limitado: la escasez es uno de los disparadores emocionales más efectivos que existen, especialmente cuando corremos el riesgo de perder algo que nos gusta.

En mis negocios, el disparador de la escasez siempre está presente en mis mensajes. Por ejemplo: un disparador para tu negocio sería que a tus clientes les llegara el día miércoles un correo personalizado avisándoles que el sábado tendrás una preparación especial relacionada con una de tus especialidades, preparada de diferente manera, y que solo podrás atender a 30 comensales. El viernes envías otro mensaje informando que quedan 8 cupos. Pero, según las reservas, preparas una cantidad muy superior a lo ofrecido.

2. Haz promociones de temporada o de fechas especiales: el Día del Padre o de la Madre, San Valentín, el comienzo del verano, siempre hay una buena razón para una oferta distinta. El éxito de estas promociones se relaciona directamente con el tamaño de tu lista. Si tu base de datos incluye 1.000 prospectos y tu restaurante tiene capacidad para 50 comensales, debes ser muy ordenado, ya que tendrás una sobrecarga de clientes importante y, si lo manejas mal, finalmente fracasarás. Lo mismo si tienes pocos prospectos registrados y una gran capacidad de recibir comensales: será una promoción con un fracaso asegurado.

3. Haz alianzas estratégicas: en los negocios y empresas que están en un radio cercano a tu restaurante, siempre hay clientes potenciales. Búscalos, date a conocer, cautívalos y atráelos.
Por ejemplo: hacer alianzas con agencias de turismo, con hoteles, vinotecas, etc.

4. Haz sorteos en redes sociales: a la gente le encanta probar su suerte y, sobre todo, ganar. Premia a los ganadores con una

cena especial, una botella de vino o una sorpresa. Ojo: sin importar desde dónde captes al cliente, siempre debe pasar por el formulario de registro en tu página web.

5. Invítalo a celebrar su cumpleaños: ya te había mencionado esta estrategia, pero vale la pena recalcarla, porque es poderosa. Recuerda: uno celebra solo con sus amigos; sé uno de ellos.

6. Pide su opinión: el cliente del siglo XXI es proactivo, quiere interactuar y participar, así que se siente bien cuando cuentan con su opinión. Pregúntale, porque además te ayudará a mejorar.

7. Publica fotos de tus productos: parece obvio, pero no lo es. De hecho, muchos restaurantes no lo hacen. Recuerda: la comida entra por los ojos, así que captúralo con imágenes deliciosas.

8. Pide testimonios: la recomendación de clientes antiguos es una excelente estrategia. A los que ya son asiduos de tu restaurante, pídeles un testimonio y publícalo en tus canales digitales.

9. Ten un muro de comentarios: puede ser una cartelera o una pantalla en la que publiques los comentarios de tus clientes satisfechos en tu web o, por ejemplo, en TripAdvisor. Esto es algo poderoso.

10. Permite que conozcan al chef: todos los clientes de un restaurante adoran charlar con el chef. Programa actividades virtuales o presenciales en las que puedan compartir con él.

11. Ten un sistema de reservas efectivo: cada vez son más los clientes que reservan una mesa a través de canales digitales. Si no dispones de este servicio, se irán a otro lugar.

12. Haz publicidad: si no inviertes, no obtienes resultados. Esa es una premisa del marketing. Publica tanto en internet como en medios tradicionales.

13. Aparece en los medios: ponte en el radar de tus clientes a través de los medios masivos, invita a quienes cuentan con gran cantidad de seguidores en redes sociales, a los periodistas para que te conozcan, atiéndelos, consiéntelos.

14. ¿Qué tal una *happy hour*? A todos nos gusta ahorrarnos unos pesos cuando salimos a comer, así que la hora feliz (que por lo general son dos horas) es un buen gancho para atraer clientes.

15. Ten un programa de afiliados: premia a tus clientes antiguos cuando te traigan nuevos clientes, así derribas dos pájaros de un tiro: fidelizas al antiguo y capturas al nuevo.

Por supuesto, hay más estrategias, pero estoy seguro de que si implementas al menos la mitad de las que acabo de mencionar, los resultados te sorprenderán gratamente. ¿Utilizas hoy alguna en tu restaurante? Si la respuesta es no, ¡preocúpate!, porque si el coronavirus no te dio el golpe de gracia, la indiferencia de tus clientes y las mesas vacías lo harán pronto.

Lo repito, porque es muy importante y no quiero que lo olvides: cuando una persona entra a tu restaurante, te está regalando lo más valioso que posee: su tiempo. Haz que ese tiempo se convierta en una experiencia significativa, positiva, inolvidable, una que quiera repetir una y otra vez. El primer paso es atraerlo, llamar su atención, hacer que te elija.

Ya no es suficiente con ofrecer buena comida, precios competitivos, una atención gentil o tener buena reputación.

La clave del éxito está en contar con un flujo ilimitado de clientes que se sienten en tu restaurante como en su propia casa.

Concentra tus acciones, tus productos y tu servicio en garantizar una experiencia gratificante y el resto del trabajo, el más difícil, aquel de atraer nuevos clientes, lo harán tus clientes felices. Sus comentarios, sus recomendaciones, sus fotos en tu restaurante serán la mejor carta de presentación. ¡Sal de la cocina y de la administración y conviértete en un empresario integral!

Volvamos al comienzo: es increíble y dolorosa la cifra de restaurantes que cerraron sus puertas debido al coronavirus y que no las volvieron a abrir. La crisis reveló que su modelo de negocios era caduco, que vivían del día a día y el prolongado cierre los llevó a la quiebra. No tenían un plan B ni estrategias que les permitieran sobrevivir ante la adversidad.

En otro escenario, muchos de los que lograron soportar el chaparrón del cierre obligado y ahora están otra vez en funcionamiento quedaron heridos de muerte y quizás no sobrevivan por mucho tiempo. Y solo unos pocos, la minoría, la raza especial de los ganadores, los capacitados para librar la batalla en el ecosistema digital, salieron fortalecidos y son los dueños del futuro. ¿Eres tú uno de ellos?

CAPÍTULO 4
EL AVATAR NO ES UNA PELÍCULA PARA NIÑOS
EL PUNTO DE PARTIDA O EL FINAL DEL CAMINO

Crea un cliente, no una venta es una frase de la norteamericana Katherine Barchetti, experta en ventas y servicio al cliente. Seis palabras que encierran la clave del éxito en los negocios dentro o fuera de internet y que todos los emprendedores y dueños de restaurantes deben tatuar en su mente, porque contiene la verdad suprema del marketing: el mejor negocio del mundo es servir.

Servir entendido como brindar la solución a un problema específico, resolver una necesidad que aqueja a una o varias personas del mercado, educar y entretener a tus clientes con contenido de valor. Servir de tantas formas como sea posible. ¿Por qué? Porque la esencia del marketing cambió con la irrupción de internet y hoy la venta es solo una consecuencia de tus estrategias, ya no su objetivo. Esto implica que una persona te comprará solo si está completamente convencida de que eres su mejor opción y de que tienes la solución que busca.

Pero aún falta algo: confianza y credibilidad. Hacer marketing hoy consiste en establecer una conversación con el mercado, con cada uno de tus clientes, para generar un intercambio de beneficios que van más allá de la venta. Y para ello es imprescindible que haya un vínculo de confianza y credibilidad, que esa persona te dé permiso para entrar en su vida.

Crea un cliente, no una venta. ¿Cómo hacerlo? La primera cuestión que debes aprender es que hacer negocios en internet no se trata de una transacción, sino una relación. Una relación entre seres humanos que piensan, sienten, son emocionales, tienen necesidades y deseos.

Y aquí llegamos al fondo del asunto: debes conocer a tu cliente mejor a que a ti mismo. Si no conoces a tu cliente ideal (avatar), no conectarás con el mercado y, por ende, no venderás.

Todos los días escuchamos acerca del cliente ideal y creemos saberlo todo sobre él. Si no sabes bien quién es, cómo es, no podrás establecer una relación, nunca habrá confianza y credibilidad y no te dejará entrar en su vida.

Según Wikipedia, "en el marco del hinduismo, un avatar es la encarnación terrestre de un dios". Es el equivalente a los semidioses griegos y romanos. En marketing, es la caracterización ideal de un comprador de tu producto o servicio. Incorpora información demográfica y psicográfica, que es el estudio y la clasificación de las personas según sus actitudes, aspiraciones y otros criterios psicológicos.

Si le preguntas a Mr. Google, te ofrecerá mil y una plantillas para definir tu avatar, incluida una herramienta poderosa y útil si la empleas bien: el mapa de empatía. Pero esos recursos son solo el primer paso. El problema es que casi todos se quedan ahí. Creen que con llenar esos formularios o plantillas ya lo tienen todo, y no es así. Además, habitualmente los empresarios y emprendedores recolectamos esa información y la guardamos en un lugar seguro, pero no la volvemos a consultar y pagamos las consecuencias. Eso significa que nuestro mensaje se lo lleva el viento; es decir, lo que publicas en redes sociales, en tu blog o en otros canales digitales o físicos no surte efecto y, por lo tanto, no vendes. No logras conversar con el mercado y no sabes si lo que ofreces es la solución al problema de esas personas.

Aparte de definir a tu cliente ideal, debes saber que tienes más de uno. ¿Por qué? Primero, porque los seres humanos estamos divididos en dos grandes grupos bien distintos: hombres y mujeres. Pensamos, actuamos y sentimos distinto, y tenemos dolores y necesidades distintas. Por ende, tu restaurante tiene como mínimo dos avatares, uno masculino y otro femenino, pero puede haber más.

Muchas veces la definición de ese cliente ideal es demasiado amplia: "Mi cliente ideal es un hombre de entre 25 y 55 años que tiene 2 hijos, un trabajo estable y un salario promedio". Miles de personas encajan en esa definición, pero en ese grupo podría haber dos o tres distintos avatares, simplemente por grupos de edad.

Por supuesto, el mensaje que emitas a cada grupo será distinto, porque sus necesidades serán diferentes. Entonces, aunque el objetivo que persigas sea el mismo, no puedes hacer *copy + paste* en tus estrategias y replicarlas idénticas para cada grupo.

¿Por qué definir a mi avatar o avatares?
Esta pregunta clave determina el futuro de tu negocio. Definir el avatar es una de las tareas a las que debes prestar la mayor dedicación, disciplina y tiempo. Si no lo haces, tus estrategias y tu dinero se irán a la basura, porque tu mensaje no llegará a las personas adecuadas y no venderás.

Estas son las razones por las cuales debes definir a tu avatar de manera correcta:

1. Podrás tomar decisiones con una base sólida y consciente, con menos riesgo de error. Sabrás qué hacer, cuánto invertir, en qué momento actuar y en cuál frenar.

2. Podrás direccionar tu mensaje al público correcto y así evitarás que tu mensaje se pierda. Te esforzarás menos y obtendrás mejores resultados con tus estrategias.

3. Podrás filtrar el mercado de manera correcta. La segmentación es el secreto del éxito de las estrategias de marketing, en especial de la publicidad pagada. Serás más preciso y tendrás más impacto.

4. Podrás ahorrar tiempo, recursos, dinero y salud. Te desgastarás menos y obtendrás resultados más rápido, evitarás que te consuma la ansiedad y hacer jugadas arriesgadas.

5. Podrás establecer una relación de confianza y credibilidad con tus clientes, pues te diriges a las personas que están realmente interesadas en lo que les ofreces.

6. Podrás generar una conversación y una interacción, que son la esencia del marketing del siglo XXI. La relación no se terminará con la primera venta, sino que intercambiarán beneficios a largo plazo.

7. Podrás conectar con las emociones de tus prospectos y clientes para llamar su atención y darles la solución al problema que los aqueja. Recuerda: la venta es una decisión emocional.

Definir al avatar, sus diferentes opciones y versiones, te permitirá conocer muy bien cuál es la necesidad de fondo de tu cliente y utilizar tus talentos, experiencias y conocimiento para brindarle la solución adecuada. Lo mejor es que serás diferente al resto del mercado, destacarás de la competencia y tu mensaje será de mayor impacto.

Deja darte un ejemplo. En uno de mis negocios, el avatar más importante tiene el siguiente perfil:
Mujer / 48 años / casada / 2 hijos / profesional / responsable / organizada / ordenada / decidida / gusta de la vida al aire libre en familia y mantener buen estado físico.

Con esta importante información, dedico tiempo para crear el contenido justo en la publicidad que genere, por ejemplo, en redes sociales para tocar la fibra de mi cliente ideal y no otro. Es importante que un redactor experto te ayude a escribir tu comunicación para aplicarla en publicidad y en los contenidos de tus correos de fidelización.

De este modo, conseguirás que tus bases de datos estén conformadas únicamente por potenciales clientes cuyos perfiles sean similares a tu avatar principal. ¿Te imaginas el potencial que significaría para tu restaurante el contar con una base de datos de mil, cien mil o más registros de potenciales clientes? Eso vale oro, es tu activo más valioso.

Ahora veamos la otra cara de la moneda: ¿qué pasa si no defino a mi avatar o lo defino mal?

1. Tu comunicación con el mercado será fría y distante. Necesitarás esforzarte mucho para que tu mensaje sea escuchado y eso redundará también en elevados costos para adquirir al cliente.

2. Dado que tu mensaje no será personalizado ni enfocado en las personas ideales, difícilmente atraerás su atención.

3. Tus clientes ideales, que están a la espera de que alguien les solucione su problema, no se enterarán de que tú eres lo que buscan, no conocerán tu producto.

4. Tu estrategia se estrellará con la indiferencia del mercado y cada centavo que inviertas se perderá. Aunque lo intentes una y mil veces, el resultado siempre será el mismo.

5. Tu negocio será percibido como más de lo mismo y, por ende, a nadie le interesará establecer una relación contigo. Estarás condenado a desaparecer.

6. Tu flujo de ventas será lento y costoso. Quizás tengas algunos picos que te provoquen ilusión, pero será algo efímero, pues no sabes por qué razón te compraron.

7. Cada vez que le ofrezcas al mercado un producto o servicio nuevo, tendrás que comenzar de cero y eso redundará en altos costos, mayor desgaste y pérdida de tiempo.

Si no tienes bien definido a tu avatar, tus bases de datos tendrán muy poco valor, ya que estarán formadas por personas que jamás te comprarán.

¿Cómo definir a mi avatar?

Hay herramientas poderosas, como Facebook o Google, que te permiten obtener valiosa información acerca de los consumidores, de sus hábitos de comportamiento y de compra. Debes enfocarte en ellos, porque te van a permitir conocer su verdadero dolor, su necesidad más apremiante, y darles una solución.

Muchos empresarios abusan al enfocarse en estrategias y mensajes exclusivamente relativas al dolor; en algún momento ahuyentarás a esas personas, las hartarás, porque será echarle sal a la herida. Esta técnica de ventas fue efectiva en el pasado, pero hoy no conviene debido a los cambios del mercado.

La otra cara de la moneda es el placer/solución. Un prospecto solo te comprará cuando esté completamente seguro de que eso que le ofreces resolverá su necesidad y le devolverá la tranquilidad o le brindará el placer que desea.

La industria de los alimentos ofrece un claro ejemplo. En el pasado, las marcas se enfocaban en las características de sus productos, en los ingredientes, pero los consumidores aprendieron y comenzaron a preocuparse por su salud, por lo que esas marcas tuvieron que cambiar el mensaje. Ahora nos hablan los beneficios que ofrecen esos productos y por qué debemos incluirlos en nuestra alimentación.

En otras palabras, atacan las emociones por el lado positivo, el del beneficio. Y sólo pueden hacerlo cuando conocen bien a su público y han educado a sus clientes con estrategias como el marketing de contenidos. Esta es otra asignatura que la mayoría de los emprendedores omite.

Si ya tienes clientes, el trabajo será más corto, porque puedes pedirles a algunas personas que ya te compraron que te respondan un correo con un cuestionario; así conocerás en detalle por qué están ahí, podrás definir bien a tu cliente ideal y validar lo que ya conoces sobre él. ¿Qué debes preguntarles? Aquello relacionado con su dolor/problema y con el placer/solución.

Algunas preguntas son:
1. ¿Por qué te eligieron? ¿Qué los motivó?
2. ¿Qué vieron en ti que no tenía la competencia?
3. ¿Qué factor los hizo decidirse por ti?
4. ¿Cuánto influyó el precio en la decisión?
5. ¿Cuál fue su experiencia con lo que les brindaste?

6. ¿Te recomendarían con un familiar o un amigo (o ya lo hicieron)?
7. ¿Cómo mejoró su vida con la solución que les proporcionaste?

Para incentivar la respuesta, puedes ofrecerles un beneficio adicional: un pequeño descuento en su próxima compra, el aperitivo o el vino corre por tu cuenta o cualquier alternativa que sirva para agradecer su gesto. Cuantas más personas puedas consultar, mucho mejor, porque habrás reunido más información de valor para hacer el perfil de tu cliente ideal.

Si todavía no tienes clientes, porque estás en la etapa inicial de tu negocio, puedes echar mano de algún familiar, amigo o conocido que encaje en la idea que tienes de tu avatar. El objetivo es que valides esa idea y determines si es acertada o no. Evita dirigir las respuestas hacia lo que tú piensas.

Por último, algo que no es un detalle menor. Tu avatar evoluciona, como tu negocio y como el mercado. Entonces, no cometas el error de realizar una definición y guardarla en un cajón de tu escritorio o en una carpeta de tu computador. La recomendación es que revises ese perfil de tu cliente ideal (de cada una de las versiones) al menos una vez al año.

Piénsalo de la siguiente manera: tu hijo adolescente era uno al comienzo del año, cuando todavía estaba en el colegio, y será una persona distinta de muchas formas unos meses más tarde, cuando ingrese a la universidad. Sus roles, sus prioridades, sus necesidades y sus intereses van a cambiar y tú también tienes que cambiar la forma en que lo tratas, cómo te comunicas con él.

Algo muy importante es el mensaje que transmites. Otra de las creencias erradas en relación con este tema está relacionada con el dolor o problema de nuestro avatar. "Tienes que identificar ese dolor, hurgarlos, exacerbarlo", te dicen. Y es cierto, pero también debes aprender que hay un límite que no puedes sobrepasar, porque no habrá opción de regresar.

¿A qué me refiero? La exposición del dolor, de sus diferentes manifestaciones, está destinada a llamar la atención de ese prospecto para que fije su mirada en ti. Luego de que le cuentes que tienes la solución a su problema, de que le cuentes quién eres y qué haces, debes exacerbar el dolor para que sea él quien te pida a gritos lo que ofreces.

¿Cómo hacerlo? La forma ideal es llevarlo al escenario imaginario de cómo será su vida una vez adquiera eso que le ofreces. En otras palabras, debes venderle el beneficio antes de venderle el producto o servicio. Que se convenza de que es lo que esperaba desde hacía tiempo, que es justamente lo que necesita y que no puede perder la oportunidad.

Veamos un ejemplo: el dueño de un restaurante. Cuando tú acudes a un lugar como este, la comida es importante, pero no es todo. Lo que realmente te interesa es pasar un rato agradable en compañía de tu pareja, de tu familia o de tus amigos o, en su defecto, ofrecerle una atención a un cliente especial o a uno potencial. Además, tu intención es vivir una experiencia enriquecedora. Y ella comienza cuando llegas al restaurante y dispones de un sitio para estacionar tu auto o del servicio de *valet parking*. Sigue con la persona que te atiende tan pronto cruzas la puerta y te brinda un cordial saludo, ojalá por tu nombre: "Buenas noches, don Rodrigo. Bienvenido y gracias por volver a visitarnos". Luego, que te ubiquen en tu mesa sin esperas.

Si eres cliente habitual, seguramente ya conocen tus gustos y saben cómo hacerte sentir bien. Y te ofrecerán como aperitivo ese vino que te fascina y quizás una entrada fría. El chef, que sabe cuál es tu plato preferido, te hará una recomendación especial, algo que sabe que te encantará. Y sí, te encanta y te sientes halagado. Y terminas con un delicioso postre y una taza de café caliente.

Todas esas atenciones se harán extensivas a tus acompañantes, que querrán estar contigo cada vez que vayas a ese restaurante. Para ellos, la experiencia también fue enriquecedora. No se trata de producto (o servicio) ni del precio ni de las características, sino de los beneficios, de cómo eso que tú ofreces hacer sentir mejor y feliz a tu cliente. Esa es la clave.

Por supuesto, para poder brindar esa experiencia enriquecedora, lo primordial es conocer a tu avatar. Si lo haces, te podrás adelantar a sus deseos y sorprenderlo gratamente. Así lo vas a fidelizar para que te elija una y otra vez.

El mensaje más poderoso que puedo ofrecerte en relación con este tema es que el avatar no es un amigo imaginario, sino una persona de carne y hueso que se manifiesta no en una, sino en varias personas. Por decirlo de una manera sencilla, es alguien con varias personalidades. Entonces, tu tarea consiste en conocer cada una de ellas tan bien como puedas para que haya una conexión fuerte.

CAPÍTULO 5
EL MARKETING GASTRONÓMICO
¿ESO CON QUÉ SE COME?

Una de las características de estos procesos de aprendizaje que más me agrada es comprobar cómo cada paso que damos, cada capítulo que superamos, nos abre más el apetito de conocimiento. Cuanto más aprendes, más ganas tienes de avanzar, de abordar nuevos temas, de profundizar en conceptos que te motivan a implementar nuevas estrategias en tu negocio.

Mientras avanzo en estos capítulos, siento el privilegio y el placer de compartir contigo el conocimiento y la experiencia que he acumulado en más de veinte años en los negocios; es una alegría saber que lo que te transmito te ayuda a construir un negocio más sólido.

En los capítulos anteriores hablamos de tu cliente. Pero te advierto que nunca es posible conocer a tu cliente al ciento por ciento, por más esfuerzos que hagas. Es como tu pareja, tu mujer: aunque vivas con ella 50 años, aunque seas muy feliz con ella y la ames con todas tus fuerzas, siempre habrá aspectos que serán un misterio, porque esa es la naturaleza del ser humano.

De hecho, ni siquiera tú mismo llegas a conocerte al ciento

por ciento a lo largo de tu vida. Hay campos inexplorados que no podemos explicar. Y lo mismo sucede con nuestros clientes. Por eso, una de tus tareas es analizar a tus clientes, identificar sus emociones, sus dolores y sus necesidades.

Se trata de un proceso, no es algo que puedas realizar de la noche a la mañana. Y nada tiene que ver con las herramientas que nos ofrece internet, que son muy útiles, pero no pueden reemplazar la increíble magia de las relaciones entre humanos. Solo conversar con tu cliente, con sus amigos, observarlo y atenderlo te permite conocerlo.

Lo más importante es que entiendas que el escenario cambió radicalmente con el covid-19 y continuará cambiando. Ahora el centro de lo que haces es tu cliente. Ya no es tu negocio ni tu producto. Tu cliente determina cómo es tu producto según sus necesidades y aquello que desea.

Por eso, necesitas convertirte en un empresario integral. En el pasado, el dueño de un restaurante estaba confinado a la cocina y/o a la oficina administrativa. Hoy su escenario natural es el salón de su restaurante, donde están sus clientes.

El objetivo de un negocio no es vender. Esa modalidad quedó enterrada en el siglo pasado. Lo que se impone ahora es el servicio, brindar una experiencia enriquecedora, inolvidable, a través de la cual tu cliente satisfaga sus necesidades o sus gustos. Ya no vendes, sirves.

En otras palabras, hoy la venta es una consecuencia de lo que haces y cómo lo haces, de lo que le ofreces a tu cliente, de la calidad de la experiencia que le brindas, de si en realidad puedes resolver su problema. Y de si eres capaz de establecer una relación a largo plazo.

Como sabes, eso solo es posible cuando puedes generar un vínculo de confianza y credibilidad, cuando se da un intercambio de beneficios, cuando el objetivo va más allá de una simple transacción económica. Ahí entra en escena el marketing. De él, precisamente, vamos a hablar en este capítulo.

¿Qué entiendes por marketing? Es un término muy antiguo que ha evolucionado con el tiempo y que ha sido adaptado y deformado para que se ajuste a tal o cual industria. Según Philip Kotler, uno de los gurús del marketing en el mundo moderno, es el proceso social y administrativo por el que los grupos e individuos satisfacen sus necesidades al crear e intercambiar bienes y servicios. Pero creo que es una definición demasiado académica que no transmite la esencia del marketing, que no termina de cerrar el círculo y deja cabos sueltos.

La American Marketing Association (AMA), una de las entidades de mayor prestigio en ese ámbito, lo define como la actividad de un conjunto de instituciones y procesos para crear, comunicar, entregar e intercambiar ofertas que tienen valor para los clientes, socios y la sociedad en general. Incorpora otros elementos importantes, pero aún no me convence.

Vamos con otra: Marketing es un sistema de actividades que incluye un conjunto de procesos mediante los cuales se identifican las necesidades o deseos de los consumidores o clientes para luego satisfacerlos de la mejor manera posible al promover el intercambio de productos y/o servicios de valor con ellos, a cambio de una utilidad o beneficio para la empresa u organización.

Esta me parece más cercana a la realidad. Sin embargo, la que más me gusta es la que mis mentores me traspasaron: Marketing es atraer a un desconocido, transformarlo en un amigo, a ese amigo convertirlo en un cliente que te compre una vez y luego en un cliente recurrente que, además, sea un evangelizador de tu marca.

¿Cómo se consigue ese objetivo? Primero, debes establecer una relación a largo plazo basada en la confianza y en la credibilidad. Segundo, necesitas demostrar que eres una autoridad en tu área. Tercero, debes nutrir a ese prospecto, educarlo con contenido de calidad en distintos formatos y canales. No son solo los digitales, las redes sociales, sino también los tradicionales, los *offline*, que todavía son útiles. Si lo que ofreces a tu cliente produce el resultado que le prometiste, que le ayuda a transformar su vida y a cumplir sus sueños, te comprará una y otra vez y luego te referirá a su familia, amigos y compañeros.

El marketing, además, es como la medicina o el derecho: parte de un conocimiento básico, pero más adelante hay muchas especializaciones para que cada uno elija la que más le gusta. En el caso del marketing, es el mismo para cualquier tipo de negocio, aunque con variantes según cada industria específica. Además, con una característica muy importante: aunque tú y yo seamos dueños de restaurantes y vendamos lo mismo, lo que a mí me funciona quizás no te sirva a ti y viceversa.

La ley fundamental del marketing es que no hay reglas. ¿Por qué? Porque tus clientes son distintos de los míos. Por eso es esencial definir muy bien a tu cliente ideal y conocerlo tan bien como sea posible. Las estrategias, recursos y herramientas que nos brinda el marketing solo resultan en función de nuestro cliente.

Así, aunque a simple vista sean estrategias idénticas, lo que funciona para McDonald's quizás no le sirva a Burger King; lo que encanta a los clientes de Apple es irrelevante para los de

Samsung; lo que llevó a Bill Gates a la cima de los negocios no fue lo mismo que utilizó Elon Musk para convertirse en el hombre más rico del planeta.

Soy enfático en este tema, porque uno de los errores más comunes y graves que cometen los empresarios gastronómicos es creer que en el marketing hay fórmulas perfectas, libretos ideales o magia. Piensan que basta con copiar lo que hicieron otros, pero no es así.

El éxito en el marketing está condicionado por la conexión que seas capaz de establecer con cada uno de tus clientes. Que conozcas muy bien sus necesidades y puedas satisfacerlas gracias a tu conocimiento, dones y talentos, tu experiencia, tu pasión y tu vocación de servicio. Por ende, debes crear tu propio sistema de marketing, tu fórmula del éxito.

Mucho más que comida
Otro error frecuente de los dueños de restaurantes es creer que la gente entra a su local por la comida. Así fue durante muchos años, pero ahora estamos en el siglo de las experiencias inolvidables. Lo que atrae al comensal no es la comida en sí, sino lo que hay detrás de ella.

La gastronomía conecta al ser humano con su alimentación, su medioambiente y su entorno. La comida es cultura, nos habla de las costumbres de un pueblo, de la forma de ser de sus integrantes, de sus creencias, de su estilo de vida. Por eso, un restaurante es mucho más que comida.

Durante la crisis del coronavirus, el ciudadano común y corriente tuvo que volver a lo esencial, a lo básico, a llevar a su mesa los productos naturales, los frutos cultivados en su tierra. Y es una paradoja, porque vivimos en una sociedad de consumo en la que se rinde culto a lo artificial, lo efímero, lo que está de moda. La gastronomía, en cambio, va por otro camino: lo que encierra valor es lo tradicional, lo natural.

Hoy, cuando cada vez más personas son conscientes de que se requiere un drástico cambio de hábitos alimenticios para cuidar del planeta y de su salud, lo natural encabeza la lista de prioridades. Es una estrategia para vivir en armonía con nuestro entorno y ser más saludables.

Afortunadamente, he viajado por el mundo y conocido diversos países, y he probado mucha comida de diferentes regiones. Platos únicos que solo se preparan en algunos lugares, que han traspasado las fronteras y dejaron de ser autóctonos para convertirse en internacionales, platos que nos hablan de la historia de los países, de su riqueza cultural. Por eso, cuando una persona entra a tu local y se sienta a una mesa, no solo está allí porque le gusta la comida o porque tiene hambre, sino también porque tiene una poderosa conexión con la cultura de la cual es originario ese plato específico, porque comulga con sus ingredientes, porque quizás estuvo en ese lugar y, entonces, esa comida le trae recuerdos agradables.

La comida, además, es un importante vínculo que une a los seres humanos: nada más agradable que compartir una mesa con quienes tienen tus mismos gustos. Ese plato es apenas una excusa para que esas personas se reúnan y disfruten de un rato agradable.

Pero la verdadera razón por la cual llegó hasta tu local es que allí se siente cómodo, apreciado y respetado; no solo puede comer lo que le gusta, sino que también puede compartir con su familia, con sus amigos. Podría haber elegido ir al cine o a una discoteca, pero eligió tu restaurante porque allí vive experiencias gratificantes.

Por eso, repito, un restaurante es mucho más que comida. Más en una sociedad como la moderna, en la que el ciudadano vive a las carreras. Salir a un restaurante, disfrutar de la comida que te gusta acompañado de quienes amas es algo que no tiene precio. Como dueño de un restaurante, tienes que aprender a elaborar la receta de un marketing que les brinde a tus clientes experiencias inolvidables.

¿De qué se trata?
Debes hacer algo más que preparar una buena comida para atraer a tus clientes y garantizar que vuelvan y te traigan más clientes buenos. De eso se trata, precisamente, el marketing gastronómico. Es todo lo que haces y cómo lo haces para atraer, conquistar y fidelizar a tus clientes, conseguir que vuelvan una y otra vez y, además, que sean evangelizadores de tu marca y traigan otros buenos clientes como ellos. Pero no termina ahí: también es lo que comunicas y cómo lo comunicas, dónde y cuándo.

Antes de internet, hacer negocios consistía básicamente en vender. Era una transacción económica fría y distante en la que quien vendía tenía todas las de ganar e imponía las condiciones, mientras que el comprador debía someterse en silencio, pues la demanda era mayor que la oferta.

La única elección que el consumidor podía hacer era "compro o no compro" a partir de su poder adquisitivo. Sin embargo, a finales de los 90 apareció internet y soplaron nuevos vientos: el cliente despertó de su letargo y asumió un rol protagónico.

Además, el mercado se diversificó. Las marcas que en Latinoamérica solo veíamos en la televisión o en el cine comenzaron a llegar a nuestros países y pudimos elegir qué queríamos. Asimismo, el mercado dejó de ser un privilegio exclusivo de las grandes marcas y los pequeños y medianos empresarios comenzaron a competir.

Recapitulemos: llegó internet con sus poderosas herramientas y recursos, con sus ilimitadas oportunidades, creó un nuevo escenario en el que el cliente pasó al primer lugar y, desde entonces, decide qué quiere, cómo lo quiere, cuándo y, lo más importante, a quién se lo compra.

Por eso, ya no se trata de vender como lo hacíamos antes. La venta, que era lo primero, ahora pasó a última en la fila y es consecuencia de tus acciones y decisiones. El producto y el precio, que eran los factores más importantes en el pasado, ahora están subordinados a la experiencia que puedas brindarle a tu cliente.

Y de eso se trata, precisamente, el marketing gastronómico: de experiencias. Las puedes ofrecer en tu salón, a través de la comida, la atención de los garzones, el ambiente o la privacidad, entre otros factores. Y la novedad por cuenta de internet, esa experiencia que puedes dar a través de diferentes canales digitales, con contenidos de valor e interacción.

Esa última palabra, interacción, es la clave del éxito o del fracaso de tu marketing. Cuando atraes la atención de esa persona que quizás no te conoce y le muestras lo que haces, lo que tienes preparado para él y te abre la puerta de su vida, comienza el proceso de encantarlo, de conquistarlo. Necesitas que sepa quién eres, qué haces y, en especial, por qué eres su mejor opción.

Los clientes de antes se regían por la tradición. Leían los periódicos que sus padres leían, iban al colegio en el que estudiaron sus hermanos mayores, se casaban en la misma iglesia y así sucesivamente. Por supuesto, también iban a los restaurantes que visitaban con sus padres cuando eran niños.

Los clientes de ahora eligen por sí mismos, basados

principalmente en las emociones: en cómo se sienten en ese lugar, cómo los atienden, si les prestan atención a sus quejas y comentarios, si el garzón toma bien su pedido. Y algo muy importante: ya no se casan con nadie, con ninguna marca. No les importar pagar un poco más si la experiencia es satisfactoria. Además, se inclinan por marcas que sean afines a sus valores y principios, que tengan un propósito similar al suyo, que se comprometan con aquello que a ellos los inquieta y los conmueve. Por ejemplo, la diversidad, el medioambiente, el rechazo a la violencia de género o la defensa de los animales.

La clave: las estrategias

Puede sonarte extraño, quizás creas que eso nada tiene que ver con tu restaurante, pero si piensas así, estás equivocado. Y lo demostró la crisis del covid: los clientes les dieron la espalda a las marcas que no fueron solidarias con los más afectados, a las que despidieron a sus empleados, a las que fueron oportunistas.

Además, manifestaron su inconformismo a través de las redes sociales, promovieron vetos, censuraron a las marcas, las criticaron con dureza. El activismo es otra de las características que distingue al consumidor actual, un factor que tiene mucho peso.

Por eso, como ya lo mencioné, una de tus tareas básicas es conocer a tu cliente. No puedes hacer buen marketing si no sabes quién es tu cliente, si desconoces sus necesidades, sus sueños, si no sabes qué le gusta o a qué le teme.

Y para acceder a esa información está el marketing y tu capacidad de establecer una relación de largo plazo basada en la confianza y la credibilidad. Recuerda que vivimos en la era de la tecnología, del conocimiento y la información. Y el que tiene la información, tiene el poder.

Ser visible, reconocido y creíble son tres premisas que te conducen al éxito en los negocios hoy. Posicionarte es una acción básica de marketing en cualquier industria. Y esto va mucho más allá de crear un logo y un eslogan, de abrir cuentas en las redes sociales: se trata de que tus clientes se identifiquen contigo, con lo que haces, con tus principios y valores, con tu pasión.

En otras palabras, que cuando tenga ganas de salir y pasar un rato agradable, primero piense en tu restaurante. Que esté convencido de que ese es el lugar que le garantiza una experiencia gratificante, inolvidable, y por eso lo vuelve a elegir.

Estas son algunas acciones de marketing que debes implementar en tu restaurante para atraer buenos clientes:

1. Los garzones son embajadores de tu marca. Tu garzón es el primer vendedor de tu restaurante, pero también puede echar a perder la venta. Ya no es un trabajo para cualquiera: requiere pasión, empatía y, sobre todo, mucho y permanente entrenamiento. Lo que haga tu garzón determina la experiencia del cliente.

2. Lo que no se mide, no se controla. Esta es una de las realidades del marketing: debes medir cada una de tus acciones y estrategias para saber si fueron efectivas, para saber si algo falló (y qué fue) y qué puedes mejorar. La ciencia del marketing está en los números, en las métricas. ¡Mide y controla!

3. Transmite valores. Una de las razones por las cuales un cliente te elige a ti es porque se identifica con tus valores y principios, con lo que haces y cómo lo haces. Los valores son

fundamentales para establecer la relación, primero, y para enriquecerla y fortalecerla después. Haz que tus clientes sepan en qué crees, con qué te identificas, con qué no comulgas.

4. Interactúa, participa. Hoy la oficina del dueño de un restaurante es el salón donde están sus clientes. Si eres el chef, debes salir de la cocina y compartir con tus clientes, dejar que te conozcan, que te pregunten, que se tomen fotos contigo. Participa en sus actividades, interactúa con ellos para que se sientan importantes y valorados.

5. Ten vida en redes sociales. Con esto no me refiero a abrir perfiles en Facebook, Instagram, YouTube o Twitter, sino a interactuar con tus clientes, a formar y nutrir una comunidad. Dales información, haz concursos y encuestas, premia su fidelidad, tómales fotos y publícalas en tus perfiles. Ofrece consejos valiosos sobre tu especialidad, motívalos para que aprendan.

6. Sorpréndelos, mímalos. Los clientes, aunque tengan 85 años, son como niños. Les gusta que los consientan, adoran las sorpresas, se enamoran de los detalles, son emocionales. Felicítalo por su cumpleaños (e invítalo a que disfrute una sorpresa), ofrécele descuentos en fechas especiales, recuérdale el aniversario de su primera visita y convídalo para que celebren juntos.

7. Escúchalo. Si los dueños de negocios adquirieran el hábito de escuchar más a sus clientes, se ahorrarían cientos de problemas e inconvenientes. El cliente del siglo XXI es proactivo, participativo, activista. Le gusta que lo escuchen y tomen en cuenta sus opiniones. No lo subestimes, porque no te lo perdonará.

8. Sé diferente y comunícalo. No permitas que tus clientes o el mercado se hagan una idea de ti y de tu negocio distinta

de la realidad. Sé activo y asertivo en tu comunicación, en tus mensajes, de modo que no haya espacio para la duda ni la ambigüedad. Crea un estilo, una marca personal, y transmítela a tus clientes, haz que se apasionen por ella.

9. Brinda contenido de calidad. Esta es una de las estrategias más menospreciadas por los dueños de los restaurantes. El contenido de valor te ayuda a enamorar y fidelizar a tu cliente, refuerza tu posicionamiento y promueve la interacción.

10. Privilegia la experiencia. No me cansaré de repetirlo: tu cliente te regala lo más valioso que posee, que es su tiempo, a cambio de que tú hagas que ese tiempo valga la pena. No escatimes en recursos que te permitan hacerlo sentir bien, sorprenderlo, agradarlo. Innova, sé creativo, conócelo bien para poder anticipar sus deseos y satisfacer sus necesidades. ¡Enamóralo!

La puerta de entrada

Una de las equivocaciones más frecuentes es creer que las redes sociales son todo el universo digital. Piensan que es suficiente abrir un perfil en Facebook, Instagram o YouTube. Sin embargo, sabemos que no es así, como quedó demostrado durante la crisis reciente.

Hay emprendedores y empresarios incapaces de generar contenido de valor e interactuar con su audiencia. Y menosprecian el aporte que una página puede ofrecerle a su restaurante. Por supuesto, están muy equivocados. Si bastara con un perfil en redes sociales para ganar dinero y posicionar a tu restaurante, cualquiera que cumpliera ese requisito sería millonario y tendría miles de clientes. Pero sabemos que no es así.

La verdad oculta del éxito en el marketing es que, para recibir, primero debes dar. Si quieres cosechar, primero debes sembrar. Siempre fue así, pero más ahora, en estos tiempos digitalizados en que el cliente está más reacio, desconfiado. Debes darle algo antes de que te dé permiso de entrar en su vida.

Recuerda la definición de marketing: Es atraer a un desconocido, convertirlo en un amigo, a ese amigo transformarlo en un cliente que te compre y a ese cliente llevarlo a que te compre más veces y por más valor y que, además, te traiga otros buenos clientes y hable bien de tu marca. Primero, dar; luego, recibir.

Por eso, además de las redes sociales y de obsesionarte con vender, debes enfocarte en cómo puedes atraer a ese desconocido. ¿Quién es? ¿Dónde se encuentra? ¿Qué tenemos en común? ¿Qué le voy a ofrecer? ¿Cómo se lo voy a ofrecer? ¿Qué tal si tu cliente no está en Facebook? El resultado es que vas a perder el tiempo y, sobre todo, el dinero de tus campañas de publicidad.

Tu mensaje se perderá en el vacío y las mesas de tu restaurante no se llenarán. Ese concepto de "todos están las redes sociales" no es absoluto. Hay muchas personas que se alejan de esas redes, hartos de la agresividad de los usuarios, del bombardeo de la publicidad y de que no encuentran allí lo que buscaban.

Entonces, repito: antes de recibir, tienes que dar. ¿Pero qué dar? Si quieres atraer la atención de un desconocido, lo primero es mostrar quién eres y qué haces. Recuerda aquella pregunta mágica: ¿qué hay aquí para mí?

Esa es la pregunta que una persona cualquiera se formula cuando ve tu nombre o el de tu restaurante en internet. "¿Venderán las hamburguesas que a mí me gustan? ¿Tendrán una salsa de la casa que sea irresistible? ¿Podré realizar mis pedidos a domicilio a través de internet? ¿Puedo efectuar mis pagos mediante plataformas digitales?". Cada persona busca algo distinto.

Podrías decirme que basta con publicar fotos atractivas de tus productos en Facebook o Instagram. Es un error frecuente, porque el usuario de redes sociales detesta que le vendan a través de ese canal. Ese es un escenario concebido para socializar, para conectar con amigos, no para comprar.

No hasta que entre tú y esa persona desconocida exista un vínculo, cuando haya confianza y credibilidad y te haya abierto la puerta de su vida. Aquí entran en acción las herramientas más poderosas del marketing: el email marketing y el marketing de contenidos.

De cada uno hablaremos en profundidad más adelante, pero te voy a decir por qué son las mejores opciones. Antes de que apareciera internet, el marketing consistía en vender. Las empresas se dedicaban a hacer publicidad en los medios tradicionales (prensa, radio, televisión, volantes, exteriores) para darse a conocer. No les importaba quién era su cliente, porque su objetivo era llegar a la mayor cantidad posible de personas y mostrar su producto o servicio. Luego de ver la publicidad, esos clientes llegaban hasta esas empresas o tiendas y compraban lo que necesitaban. Era una simple transacción económica, no había interés en establecer una relación a largo plazo.

Cada vez que esa persona necesitaba ese producto o servicio, ya sabía dónde encontrarlo. Y como no había demasiadas ofertas, no había mucho donde escoger. Pero con la llegada de internet, se produjo un drástico cambio: se multiplicó la oferta y el consumidor pudo elegir.

Y no solo en las tiendas físicas, en las marcas más reconocidas, sino también en cualquier tienda virtual en internet. En la web puedes conseguir lo que deseas y hacer que llegue hasta la puerta de tu casa. O puedes acceder a formación de calidad, muchas veces de manera gratuita, y avanzar en tu proceso de crecimiento personal. O puedes entretenerte en línea.

Si, en cambio, lo que deseas es hacer negocios, ofrecer tus servicios profesionales, sin importar a qué te dediques o qué vendas, requieres ser visible, reconocible y creíble. Necesitas que el mercado sepa quién eres, qué haces, para quién lo haces, por qué y cómo lo haces. Necesitas que conozca y aprecie tu propuesta de valor, que sepa que eres distinto y mejor.

Y esto aplica para cualquier tipo de negocio, incluidos los restaurantes. A través del email marketing y del marketing de contenidos atraes a ese desconocido, estableces un vínculo de confianza y credibilidad para convertirlo en amigo, lo nutres con contenido de valor para que se transforme en un cliente y luego le das más valor para que sea un evangelizador de tu marca.

Lo que se impuso con la irrupción del internet es algo que llamamos marketing de permiso. Consiste en que, antes de establecer contacto con alguna persona, debes recibir su aprobación de manera expresa, voluntaria y consciente. En otras palabras, requieres el consentimiento de la persona antes de enviarle correos o publicidad.

¿Qué hacer una vez obtienes su permiso? En ese momento asumen el protagonismo los canales (digitales y análogos o físicos) a través de los cuales puedes enviar tu mensaje. En el caso de los digitales, el correo electrónico, la página web y las redes sociales son los más usados y eficaces.

Cuando tienes una página web en la que publicas contenido de calidad que luego le transmites a tu cliente, estás en contacto en esa persona 24/7/365. Es tu oportunidad para educarlo, para entretenerlo, para decirle qué haces y qué tienes para él. También, para estrechar el vínculo de confianza y credibilidad, para transformar a ese desconocido en un amigo.

A diferencia de las redes sociales, en las que de manera gratuita te permiten crear tu perfil bajo ciertas condiciones, en tu web tú eres el propietario, el que tiene el control, el que decide qué publica, en qué formato y cuándo. Si mañana vendes tu negocio, el contenido de tu web es de tu propiedad y lo puedes utilizar en un nuevo emprendimiento si así lo deseas.

En cambio, si uno de estos días desaparece Facebook o Instagram, pierdes todo aquello que esté en tu perfil, ¡lo pierdes todo! ¿Por qué? Porque es propiedad de la plataforma, que solo te presta el servicio de creación de tu perfil y la opción de publicar contenido. Por eso, no debes obsesionarte con las redes sociales.

Recuerda: el marketing no se trata de vender, sino de establecer relaciones a largo plazo que nos permitan un intercambio de beneficios con cada cliente. Para cumplir con ese objetivo, tu principal aliado es la comunicación fluida y permanente, el contenido de valor. Y dispones de una gran variedad de recursos y plataformas para elegir el formato que más te guste y te acomode.

Puedes grabar videos y realizar webinars, puedes escribir notas en tu blog o invitar a un experto para que publique un artículo, puedes grabar un podcast para que tus clientes lo escuchen mientras cocinan. También puedes producir un libro o un ebook que te permitan educar a tu cliente, contarle qué haces y quién eres. ¡Es ilimitado!

Más importante aún, puedes interactuar con él si así lo deseas. A través de tu blog puedes responder sus preguntas, derribar sus objeciones, explicarle por qué eres la mejor opción para él, decirle qué tienes para él. No necesitas publicar o enviarle correos todos los días: cada caso es particular, pero también está determinado por la estrategia que definas.

Con el tiempo, a medida que ese desconocido se dé cuenta de que no estás obsesionado con venderle, de que estás dispuesto a dar antes de recibir, no solo te abrirá la puerta de su vida, sino que se convencerá de que eres su mejor opción, se transformará en un amigo y luego en un cliente.

Primero das, luego recibes. Eso es marketing. Y eso es lo que estamos aprendiendo en este libro de marketing para restaurantes: cómo identificar a tu cliente ideal, cómo comenzar una relación a largo plazo, cómo crear un vínculo de confianza y credibilidad; cómo nutrirlo, educarlo y entretenerlo con contenido de valor y, por último, cómo fidelizarlo para que te compre otra vez.

Sí, necesitas hacer buen marketing

La gran lección que nos dejó la crisis del coronavirus fue que aquellos que no supieron hacer buen marketing no pudieron enfrentarla. Los fuertes son los que hacen buen marketing. Y eso ocurre en cualquier industria, en cualquier negocio, grande, mediano o pequeño. Ya no es una opción, requieres buen marketing para darte a conocer, para informar al mercado qué tienes para él, para posicionarte, dar a conocer tu propuesta de valor y captar buenos clientes.

Y, después, para nutrirlos (y no solo en el sentido gastronómico), para fidelizarlos, para darles razones para volver una y otra vez a tu restaurante, para que te traigan a otros buenos clientes. Requieres un marketing propio, ajustado a las necesidades de tu cliente ideal, a tus valores y principios, al estilo de tu marca; requieres un buen marketing en canales digitales y análogos.

Un buen marketing se refleja en una carta ajustada a los gustos de tu cliente, en un local bien diseñado y ambientado, en precios acordes con tu clientela, en un establecimiento bien localizado que, además, ofrezca servicios como el *valet parking*. También se refleja en una atención cálida y empática, cercana a tu cliente, llena de detalles y que redunde en una experiencia inolvidable.

Un buen marketing tiene que estar enfocado en establecer relaciones de largo plazo con tus clientes, relaciones que signifiquen un intercambio de beneficios en que ambas partes se sientan satisfechas con lo recibido. Relaciones que se fortalecen con contenido de calidad, promociones especiales, con tu capacidad para sorprender a tu cliente, para enamorarlo.

Son relaciones entre seres humanos, no a través de robots u otra herramienta tecnológica. Relaciones que impliquen interacción, que promuevan y faciliten los comentarios y las críticas de tus clientes y su adecuada gestión. Relaciones en las que tú como propietario del restaurante eres efectivamente la cara visible.

Insisto: la clave de éxito de un restaurante no es la comida, sino la experiencia. Estoy seguro de que puedes cambiar el menú por completo y, si en el pasado les brindaste a tus clientes experiencias positivas, agradables, volverán. Sí, volverán y se acomodarán a las nuevas opciones que les ofreces, porque lo básico, la experiencia, se mantiene.

Para hacer un buen marketing no solo necesitas imaginación, creatividad o ser arriesgado. Necesitas, sobre todo, contar con un equipo especializado que te garantice resultados, que te permita delegar con confianza, porque están sintonizados. Por supuesto, es vital que empoderes a tus empleados, recuerda que son tus primeros embajadores.

El buen marketing es comunicación, es transmitir y compartir tu mensaje con tus clientes, generar conversaciones e interacciones, intercambio de beneficios. Hay mil formas de hacerlo, pero no todas son útiles para tu restaurante. Por ende, tu tarea es identificar cuáles sirven de acuerdo con el perfil de tu cliente ideal. El resto es ponerlo en práctica y disfrutarlo.

Hacer negocios hoy no es lo mismo de antes. En el siglo pasado, el objetivo era cristalizar la venta; hoy se trata de transmitir y compartir emociones, de brindar experiencias gratificantes. El buen marketing, el marketing que requiere tu restaurante, se basa en el siguiente concepto: el mejor negocio del mundo es servir y no es vender, es seducir.

CAPÍTULO 6
PROPUESTA ÚNICA DE VALOR
¿ERES MÁS DE LO MISMO?

Soy un vendedor. Esa fue una habilidad que seguramente nació conmigo, pero que también potencié y fortalecí a fuerza de hacer. Y cuando digo hacer, hablo de errar y acertar. No es el único camino para aprender, pero sí es el más seguro y provechoso. De hecho, tengo pánico de los atajos.

Sin embargo, no quiero que caigas en el mismo error de tantos que después lo lamentan. Vender, saber vender, es un oficio como cualquier otro y requiere conocimiento, preparación y actualización permanentes. Cambian los mercados, los clientes, las plataformas, cambian las herramientas y surgen otras. Aquí también la norma es adaptarse.

Como lo hemos visto, la venta ya no es el objetivo de tus acciones, sino la consecuencia de ellas. De tus decisiones, de tus estrategias, del impacto del mensaje que le transmitas al mercado, del valor que tus potenciales clientes perciban en lo que les ofreces. Y eso es algo que la crisis provocada por el coronavirus nos confirmó: si no sabes vender, desapareces.

Eso significa que, si no haces buen marketing, estás condenado a desaparecer. De nada servirá que culpes al precio del dólar, al presidente de turno en tu país, a los vaivenes de la economía o a la próxima crisis. Y de eso se trata justamente este libro:

de aprender a hacer buen marketing para vender más.

Cuando llevas tanto tiempo en el mercado, especialmente cuando has vivido un período de tantos cambios, te encuentras con personas y negocios muy diversos. Algunos, excelentes; otros lamentables. Aunque cueste creerlo, todos venden. ¿Por qué? Porque el mercado acepta todo, porque hay clientes que solo se fijan en el precio.

Ya sabes que competir por precio es la peor de las estrategias, especialmente en una industria como la gastronómica, que está ligada al placer, a lo exclusivo, a la calidad. Sin embargo, no basta con ser bueno, distinto o mejor; entre otras razones, porque esos calificativos no los determinas tú, sino el mercado, tus clientes.

El problema es que hoy no es fácil ser bueno, distinto o el mejor. ¿Por qué? Porque hay demasiada competencia, porque la oferta es ilimitada en cualquier tipo de negocio, en cualquier rango de precios. Basta preguntarle a Mr. Google y te arroja gran cantidad de resultados.

Otro problema es que la mayoría está cortada con la misma tijera, da la impresión de que esos negocios se crearon basados en el mismo molde. Apenas se diferencian por el nombre o los colores del logo. En lo demás, incluidos los precios, son muy similares. Y ese es un grave pecado que el mercado castiga duro.

Es una realidad contra la cual no es fácil luchar, como lo vimos durante la crisis. Cuando las autoridades decretaron la emergencia y nos enviaron a casa para protegernos, nos vimos sometidos a un incesante e inclemente bombardeo a través de los medios tradicionales y los digitales.

"Reinvéntate", "Hazlo ahora"

Una de las premisas fundamentales del marketing es que no puedes venderles a todos. No en esta era en la que internet nos brinda herramientas y recursos poderosos. De hecho, la clave del éxito de los restaurantes que más venden es atacar un nicho, enfocarse en un segmento limitado del mercado.

Hay quienes creen que venderle a un nicho es perder dinero, pero la realidad nos demuestra lo contrario. Si tú le apuntas al mercado, por decir, a 1.000 personas, y vendes 10 productos, quiere decir que le vendiste al 1% de los clientes. En cambio, si te enfocas en un nicho de 100 personas y les vendes a 10, llegaste al 10% del mercado.

Entonces, la primera regla de una buena estrategia de marketing para tu restaurante es elegir un nicho. Eso, además, te ayuda a eludir uno de los problemas más comunes y desagradables a los que nos enfrentamos quienes vendemos algo: lidiar con clientes molestos. Si nos enfocamos en el nicho adecuado, allí donde están nuestros clientes ideales, sufrimos menos.

¿Cuál es la clave del éxito de enfocarnos en un nicho? Que así podemos satisfacer las necesidades y los gustos de esas personas. Cuanto más específico sea el problema y cuanto más específica sea la solución que podamos aportar, mucho mejor.

La magia del marketing se resume en transmitir el mensaje adecuado a través del medio adecuado y dirigido al mercado adecuado. Esa es la única forma de lograr el impacto deseado: vender más.

Cuando alguno de estos tres elementos falla o no está en concordancia con los otros dos, tu estrategia se diluye, pierde impacto, no provoca los resultados esperados. Las

3M (mensaje, medio y mercado) son una regla de oro del marketing que muchos negocios desconocen o pasan por alto, porque caen en la tentación de querer abarcar todo el mercado.

El problema, ya lo mencioné, es que existe la tendencia a ser todos iguales. Surge de una creencia equivocada: "Si mi competencia lo hace así y le va bien, tengo que hacerlo igual".

Y no es así, porque no son tus clientes, no es tu producto ni tus valores, no es la solución que tú puedes ofrecerle al marcado a través de tu conocimiento y experiencia. Quienes piensan así tienen mentalidad de rebaño.

Para llamar la atención del mercado, la primera condición es vencer el miedo a ser diferente. Si eres más de lo mismo, el mercado te etiquetará y no podrá apreciar tus diferencias, tus beneficios, tu valor. Si puedes ser diferente, el mercado te prestará su atención.

Veamos un ejemplo que tú conoces muy bien: cinco jóvenes que cursan estudios en una escuela de gastronomía reciben la misma formación. Sin embargo, cuando salen al mercado y abren su negocio, están obligados a ser distintos, a darle un toque personal a sus platos y crear un estilo claramente diferenciable del resto. Si no lo consiguen, serán solo un cocinero más.

En marketing, se trata de romper los moldes y convertirse en una propuesta única de valor (PUV) claramente identificable, una que el mercado perciba como el haz de luz en la oscuridad. Este es un concepto fundamental del buen marketing.

La propuesta única de valor es la respuesta precisa a la pregunta ¿qué hay aquí para mí? de la que ya hablamos. También responde otra interrogante muy común: ¿por qué debo elegirte a ti y no a tu competencia? Tu propuesta única de valor debe explicar en detalle cuál es tu ventaja competitiva, cuál es el beneficio que tú ofreces y te hace distinto a la competencia. Una PUV, en esencia, es una promesa que tú haces, que debes cumplir y que te diferencia de la competencia, te hace único.

Por ejemplo: Domino's Pizza fue creada en 1960 en Michigan y pegó duro de entrada, porque su propuesta única de valor era poderosa: "Recibes tu pizza fresca y caliente en menos de 30 minutos o te devolvemos el dinero".

En aquel entonces, el *delivery* no era lo que conocemos hoy, por lo que la promesa de Domino's no solo era atrevida, sino llamativa. Estaba fundamentada en un hecho puntual: el primer local de la marca estaba muy cerca de las residencias de la Universidad de Michigan Oriental, donde vivían hambrientos estudiantes. Por supuesto, el concepto y la marca fueron un éxito.

Otro ejemplo de propuesta única de valor es de FedEx. Esta famosa empresa de mensajería y logística fue fundada en 1971 en Arkansas. Su propuesta era "Recibe tu encomienda mañana en la puerta de tu casa". Ten en cuenta el contexto: hablamos de un mundo muy distinto al actual, el mundo de hace 50 años.

FedEx fue la primera empresa de mensajería que transportó carga en horario nocturno, mientras que el resto de sus competidores solo lo hacía durante el día y, además, por vía terrestre. Entonces, esta compañía provocó una verdadera revolución en el mercado. A partir de esa propuesta única de valor, la forma de transportar encomiendas cambió y el cliente ganó.

Uno de los efectos importantes de contar con una propuesta

única de valor clara es que tu cliente percibirá que estás de su lado; es decir, que lo que haces y cómo lo haces pretende brindarle un beneficio preciso. La PUV nada tiene que ver con las características de lo que vendes ni con el precio: se trata de los beneficios, del valor que le aportas a tu cliente.

La propuesta única de valor no es un eslogan ni una frase pomposa que te sirve para hacer publicidad. Y tú debes establecerla, no la dejes en manos de una agencia; es una responsabilidad que te compete como dueño de tu restaurante. Porque ¿quién mejor que tú para saber cuáles son los beneficios de lo que ofreces? ¿Quién mejor que tú para establecer por qué es diferente de lo que hay en el mercado? Así como el chef, por ejemplo, no delega en un ayudante la tarea de crear la salsa de la casa, tú no puedes darte el lujo de delegar en un tercero la definición de tu propuesta única de valor. Terminarás siendo más de lo mismo.

Un aspecto importante: no compliques innecesariamente la formulación de tu propuesta única de valor. Debe ser sencilla, clara, precisa, de fácil recordación. Recuerda los ejemplos que te di: "Recibes tu pizza fresca y caliente en menos de 30 minutos o te devolvemos tu dinero" y "Recibe tu encomienda mañana en la puerta de tu casa". Conceptos sencillos, pero muy poderosos.

La propuesta única de valor es un tema al que cualquier persona que emprenda un negocio debe dedicarle tiempo y esfuerzo. Ella te permite diferenciarte en el mercado y, en consecuencia, posicionarte, ser visible y convertirte en una buena opción para tus clientes.

El mayor factor de fracaso de un nuevo producto es la carencia significativa de 'puntos de diferencia' que lo sitúen separadamente de sus competidores. Sin una PUV clara es imposible ser distinto y si no eres distinto, al mercado no le interesas.

Rosser Reeves, una de las leyendas de la publicidad en Estados Unidos, afirmó: "Cada anuncio debe decirle al cliente 'compre este producto y recibirá esta ventaja (beneficio)'. La proposición debe ser tan fuerte que mueva a millones de personas".

Lo que muchos dueños de restaurantes no han percibido es que su negocio es especial. Es como si poseyera un tesoro escondido a la espera de que alguien lo descubra. Ese tesoro es la propuesta única de valor.

La PUV es un mensaje transversal de su negocio: debe estar en todos tus mensajes, se hallen o no destinados a la venta, para asegurarte de que todos lo conozcan. Necesitas que el mercado la identifique claramente, que tu cliente ideal también la aprenda y la replique. Recuerda: la repetición es lo que genera la recordación.

Al momento de formular la propuesta única de valor de tu negocio, acuérdate de que en el mercado abundan productos o servicios muy similares al tuyo. Las personas normalmente no perciben la diferencia por su propia cuenta: hay que realzarla para que la noten. Y eso es trabajo tuyo.

La clave del éxito de tu restaurante es que tú, como propietario, seas el primero que tenga perfectamente claro por qué los clientes deberían elegirte por encima de la competencia.

Veamos algunos ejemplos de propuesta única de valor:

"Ellos se derriten en su boca, no en sus manos" – M&M's
Estoy completamente seguro de que no fue fácil encontrar diferencias para una golosina. ¿Por qué? Porque en el mercado hay muchísimas golosinas y, en esencia, todas son iguales. Sin embargo, hay un detalle que el consumidor solo percibe cuando el dulce está en su boca y que al final es el

diferencial: el relleno de chocolate está cubierto por una capa de caramelo, por eso no se derrite.

"Sigue crujiente en la leche" – Cereal Crispix
Sí, no hay nada más desabrido que las hojuelas del cereal blandas y que pierdan su sabor natural. Esta fue una necesidad que identificaron luego de preguntarles a sus clientes cuál era su experiencia con el cereal en el desayuno, así que se dieron a la tarea de hallar la solución. Con esta PUV, Cereal Crispix se ganó una posición dominante en el mercado y aventajó a su competencia.

"Mejores ingredientes, mejor pizza" – Papa John's
Este es uno de los mercados más competitivos y no es fácil ser distinto. Sin embargo, Papa John's logró el objetivo con una fórmula contundente: les apuntó a los ingredientes y envió un mensaje poderoso: "mejor pizza". La clave, según John Schnatter, dueño de la marca, es ser muy selectivos con los ingredientes para garantizar una calidad superlativa.

Como ves, ninguna de estas opciones de propuesta única de valor se refiere a las características o al precio. Todas se enfocan en los beneficios que va a obtener el cliente, en aquello que hace este producto único y diferente al resto del mercado. Y eso es lo que tú necesitas hacer en tu restaurante. Recuerda la pregunta clave: ¿qué hay aquí para mí?

No necesitas ser un genio creativo o contratar a la mejor agencia de publicidad para crear una propuesta única de valor poderosa; basta con que conozcas bien los beneficios que aporta tu producto o servicio y que hayas identificado con claridad lo que buscan los clientes a los cuales te diriges. Tampoco necesitas un presupuesto millonario para establecer una propuesta única de valor que te permita diferenciarte en el mercado.

Restaurantes hay miles; restaurantes especializados en la misma clase de comida que tú ofreces hay cientos. Sin embargo, es seguro que el tuyo tiene algo muy específico que ninguno de esos otros posee, que lo hace único y, además, la mejor opción para tus clientes. Antes de pensar en la carta, en los precios, debes saber qué es eso.

Una propuesta única de valor poderosa es una promesa que tu producto o servicio debe cumplir a cabalidad. Debe estar formulada de tal forma que tus clientes, al verla, entiendan claramente qué les ofreces. Y tiene que servir para derribar las objeciones que inquietan a tus clientes.

¿Cómo lograrlo? Acá te menciono algunas ideas que te ayudarán:
1. Sé específico, huye de lo genérico, de lo común.
2. No te encasilles, huye de las etiquetas que lo equiparan todo.
3. No caigas en el egocentrismo, recuerda que la razón de ser de tu negocio es tu cliente.
4. No te extiendas de más: lo bueno, si es breve, dos veces bueno.
5. No seas tacaño: no te vayas al otro extremo, porque quizás no transmites tu mensaje.
6. Cuidado con las ambigüedades: si tu mensaje no es claro, no será entendible.

El posicionamiento

El posicionamiento es un tema relacionado con la educación que tú le brindas a tu cliente para que te conozca, para que sepa cuáles son los beneficios que pones a su alcance, para que entienda cuál es la ventaja única que le ofreces. La idea es que entienda que lo que tienes es justo lo que él necesita.

Podemos establecer esa ventaja única de acuerdo con las siguientes cuatro categorías:

1. Servicios
2. Exclusividad
3. Valor
4. Precio

Cuando hablo de servicios, me refiero a beneficios como:
a) Conveniencia
b) Consejos
c) Disponibilidad inmediata
d) Garantía
e) Soporte al cliente
f) Instalación

Diferenciarse a través del servicio no es difícil, aunque también es un terreno espinoso y lleno de trampas. ¿Por qué? Porque a veces, en el afán por atraer al cliente, prometemos algo que no podemos cumplir o que nos generará gastos excesivos, como "A su servicio las 24 horas", "Si lo hacemos esperar más de 10 minutos, no le cobramos".

Lo más importante en este aspecto es darle una respuesta rápida al cliente, calmar su ansiedad y preocupación. Pero, ojo: respuesta no significa solución. Significa que lo atiendes, que lo escuchas, que analizas el problema, que identificas qué se requiere y estableces un plan de acción. Ten en cuenta que lo que más lo molesta es que no presten atención a sus reclamos.

Cuando hablo de exclusividad, me refiero a beneficios como:
a) Hecho a mano
b) Edición limitada
c) Solo por recomendación
d) Ingeniería única
e) Manufactura (de qué está hecho)

La clave consiste en que solo unos pocos privilegiados pueden obtener eso que ofreces. Tu producto o servicio no es para todo el mundo, sino para una élite. Esto no significa que tenga que ser costoso. Si el diferencial es el precio, cualquiera que tenga el dinero lo puede comprar, mientras que la exclusividad es un beneficio limitado y está íntimamente relacionada como uno de los gatillos emocionales más efectivos: la escasez. Por ejemplo, si eres el autor de un libro, solo los primeros 10 compradores obtendrán una copia autografiada: esto impulsa a tu cliente a apurarse para no perder el privilegio. Pertenecer a una comunidad, a un club de membresía, es otro ejemplo de cómo la exclusividad nos moviliza.

Cuando hablo de valor, me refiero a beneficios como:
a) Fácil de usar
b) Amplio alcance
c) Entrega rápida
d) Mayor capacidad
e) Medida
f) Tecnología
g) Práctico
h) Breve (de fácil lectura)
i) Nutritivo

El valor nada tiene que ver con dinero, sino con la satisfacción que obtendrá tu cliente cuando compre lo que le ofreces. El precio está implícito, sí, pero lo que marca la diferencia es la calidad. Precio + calidad = valor. Si la calidad de lo que ofreces es mayor que la de la competencia, el mercado estará dispuesto a pagar un poco más.

Cuando hablo de precio, me refiero a beneficios como:
a) Descuentos
b) Ofertas especiales

A todos nos gusta pagar menos, pero no abuses de esta opción o malacostumbrarás a tus clientes. Y reserva lo gratuito para los clientes especiales que hayan demostrado su fidelidad. Aquel que te compra una vez porque está barato, desaparecerá tan pronto cambie el precio.

Como ves, no son categorías excluyentes. Seguramente tú puedes agregar otros beneficios a estas listas. Lo importante es que entiendas que no es cuestión de características, sino de beneficios: la propuesta única de valor debe estar enfocada en la solución que lo que ofreces le brindará a tu cliente, en el resultado final que obtendrá al comprarla.

La clave está en ofrecerle algo más de lo que compró. Por ejemplo, que después de visitar tu restaurante tres veces el mismo mes, le regalas una botella del vino de la casa en la siguiente ocasión o le brindas un descuento especial. Dar más de lo que tu cliente espera es una estrategia que nunca falla y se refleja en la fidelización.

En el tema del posicionamiento y de la diferenciación en marketing, la fórmula de éxito radica en la segmentación, como ya vimos: elige un nicho específico del mercado y bríndale la solución a su problema o la respuesta a su deseo. Recuerda un ejemplo que mencioné antes, el de Domino's Pizza: pegó duro de entrada, porque su propuesta única de valor era poderosa: "Recibes tu pizza fresca y caliente en menos de 30 minutos o te devolvemos el dinero". Esta es una propuesta única de valor específica, concreta.

Piénsalo de la siguiente manera: cuando tienes un problema en los ojos, ¿a quién acudes? ¿Al médico general, al ginecólogo o al oftalmólogo? Por supuesto, a alguien especializado en ese nicho. Si tienes una disputa legal, ¿a quién le pides consejo? ¿A un amigo, a tu pareja (que es ingeniera) o a un abogado? Igual funciona en el caso del marketing.

Cuando una persona tiene hambre y le apetece un exquisito

y suave filete de lomo, acude al lugar donde sabe preparan la mejor carne a la parrilla. La especialización es una de las claves del éxito en el marketing, porque disminuye la competencia. Un negocio general, como los de antes, está condenado a desaparecer en el escenario actual, porque no está capacitado para satisfacer las necesidades de sus clientes.

La magia de la garantía

Una garantía poderosa es una excelente estrategia de posicionamiento y diferenciación; entre otras razones, porque para ofrecerla hay que ser valiente y el mercado está lleno de cobardes. En otras palabras, cualquiera ofrece una garantía poderosa en el papel, pero cuando el cliente reclama, muchos no la cumplen.

La garantía es un seguro en la mente del comprador: le permite liberarse de responsabilidades, de la culpa de un eventual error o de un resultado insatisfactorio. En marketing, la garantía más poderosa es el reembolso de la inversión: ayuda a derribar objeciones, envía un mensaje de seriedad y, lo que más le gusta a tu cliente, le proporciona una segunda oportunidad, una revancha.

El efecto de la garantía es blindar tu confianza y credibilidad. Recuerda que uno de los problemas más serios del mercado es el riesgo de ser estafado, de no recibir exactamente aquello por lo que pagaste. Es un mal que se presenta en todas las industrias y son pocos los valientes que dan una verdadera garantía.

Por ejemplo, ¿a cuantos de nosotros les ha pasado que un *delivery* no llega a su destino? Puedes decir que no es problema del restaurante, pues no lo despachó. Pero sí es problema del restaurante, que debe garantizar la entrega. Debe tener el control de quien despacha y quien recibe. Y tiene que responder con su garantía si el producto fue extraviado o robado en el camino.

Cuando un negocio no puede ofrecer una garantía de peso, de inmediato despierta dudas. Y no se refiere solo al dinero que tu cliente paga por lo que vendes: también es garantía de buen servicio, de escuchar sus quejas y sugerencias, de que sus reclamos serán tramitados y respondidos, de que se lo tratará con esmero, educación y pasión.

El éxito de la garantía, sin embargo, no es la promesa, sino que detrás haya una persona de carne y hueso que lo va a escuchar, no un robot ni la grabación de un contestador automático. Una persona que dé la cara, que sea empática, que escuche con atención y, sobre todo, que brinde soluciones es la clave de una garantía poderosa.

Y muchos restaurantes fallan en esta materia. Cuando algo no funciona bien, cuando un cliente tiene una queja, todos huyen. Esa es la peor de las alternativas. Ya vimos que tú, como dueño, debes actuar como un empresario integral, uno que no se refugie en la cocina o en la oficina.

Tienes que ser un anfitrión cálido y gentil, cercano a los clientes, una persona que brinde confianza, que sea proactiva, especialmente cuando un cliente expone una queja. Recuerda que hacer negocios en el siglo XXI es establecer una relación basada en la confianza y la credibilidad.

Un consejo: cuando tengas que aplicar una garantía, no te límites a devolver el dinero. ¡Ofrece más! Que a tu cliente no le queden dudas de que quieres repararlo, de que estás arrepentido por lo que ocurrió y tu interés por él es genuino, honesto; es decir, que se sienta importante.

El verdadero poder de la garantía está en la promesa: si no la cumples, carece de sentido. Peor que un fallo en el servicio o un producto defectuoso, es incumplir la promesa que encierra tu garantía. El cliente no lo perdona. Y en estos tiempos de redes sociales y mensajería instantánea, la desaprobación de esa persona se regará como pólvora, en segundos, y le hará mucho daño a tu negocio y a tu credibilidad. Si ofreces una garantía, ¡cúmplela!

El abecedario del marketing

El mercado es una jungla infestada de fieras salvajes, de depredadores. Hay riesgos por doquier, en especial cuando tomas la mala decisión de competir por precio: hay suicidas que, con tal de quitarte esa venta, son capaces de rebajar más y más. ¡Eso es hacerse el harakiri!

Cuando el mercado se torna pesado, cuando la competencia te arrebata clientes y disminuye tus ventas y tus ganancias es cuando más tienes que aferrarte a tu propuesta única de valor. En cambio, cuando se compite por precio, difícilmente el comprador percibe el valor de lo que adquiere.

Al cliente le encanta comprar barato, pero irónicamente menosprecia los productos baratos, desconfía de ellos. ¿Una contradicción? Sin duda, pero así funciona la mente del ser humano. Y esta premisa aplica en la industria gastronómica más que en cualquier otra por el tema de la calidad.

Cuanta más calidad perciba el mercado en aquello que ofreces, más dinero está dispuesto a pagar por ello. Por eso, recuerda: más que un precio bajo, la estrategia para posicionarte y diferenciarte es contar con una propuesta única de valor poderosa y simple, que puedas respaldar con la educación que les brindas a tus clientes, con información de valor.

El marketing ha evolucionado a medida que los clientes han cambiado. En 1960, el profesor de contabilidad Jerome McCarthy estableció los que llamó "los cuatro conceptos básicos del marketing", que se conocieron como las 4P. Su intención era demostrar cómo funciona el marketing de forma integral, para lo cual usó el término *marketing mix*.

Las 4P del marketing de McCarthy eran:
1. Producto
2. Precio
3. Plaza (punto de venta)
4. Promoción

Uno de los primeros errores de los dueños de restaurantes es creer que su producto le va a encantar al mercado. ¿Cómo lo sabe? ¿Por simple sospecha? ¿Fruto de una investigación de mercado? ¿Lo leyó en internet?

El punto de partida un negocio es (debería ser) el problema que aqueja al mercado. Si lanzas un producto con la esperanza (o la convicción) que al mercado le va a agradar, es muy probable que fracases. En cambio, si detectas un problema y diseñas un producto o servicio que ofrezca la solución definitiva, el cantar será distinto.

El producto reúne unas características tangibles y otras intangibles. Entre las primeras están el color, el tamaño, la usabilidad, el empaque y los accesorios. Entre las segundas figuran la garantía, el servicio posventa o el prestigio de la marca. Todas inciden en la percepción del cliente acerca del producto y determinan tu éxito o tu fracaso.

El valor de un producto está representado por el beneficio único que le ofrece al mercado. Es algo diferente a todo lo que tiene la competencia, algo por lo que el cliente estaría dispuesto a pagar un mayor precio. El producto que necesita tu restaurante es aquel que posee un valor percibido y un valor real únicos, que lo diferencien claramente de la competencia.

El segundo concepto es el precio. Fijar el precio del producto o servicio que le ofrecemos al mercado suele ser una de las tareas más difíciles para un empresario y, también, fuente de muchos dolores de cabeza. El precio, en términos racionales, es la cantidad de dinero que consumidor paga por aquello que ponemos a su disposición. En otras palabras, es la compensación que recibe el creador del producto a cambio de su conocimiento y experiencia y por el trabajo que realizó para fabricar algo que, en teoría, satisfará una necesidad del mercado.

La lógica indica que el precio debe cubrir los costos de producción e incluir un plus: la ganancia que permita sustentar la rentabilidad de tu negocio. Al fijarlo, también debemos considerar los costos financieros, de distribución y de promoción. No es fácil.

Por otra parte, el precio de un producto corresponde a la percepción que el mercado tiene de él. Si estableces uno muy bajo, la mayoría creerá que es algo de mala calidad y no lo comprará. Si fijas uno mayor que el de la competencia, enviarás un mensaje inequívoco: el tuyo es mejor. Sin embargo, no cometas el error de decidir que el diferencial de tu producto sea el precio. Ya vimos que esa es una mala estrategia.

Hablemos ahora de la plaza, del punto de venta, de la ubicación de tu restaurante. Durante décadas, el lugar fue secundario: los clientes llegaban. Hoy el juego es otro, ya lo sabemos: no es el cliente el que persigue al producto, sino que el producto debe llegar hasta donde se encuentra el cliente. Y buena parte de la responsabilidad de esa transformación la tiene la tecnología, internet: ya no es necesario ir al almacén, porque hasta hacer las compras del supermercado se puede realizar de manera virtual.

Puedes escoger los productos exhibidos en una página web, pagas ahí mismo con algún medio electrónico y esperas que tu compra llegue a tu domicilio. Esta variable debe estar en sintonía con las dos anteriores (producto y precio). Tienes que saber con exactitud dónde están tus clientes. ¿Internet? Y dentro de internet, ¿en Facebook?, ¿en YouTube?, ¿en Twitter?, ¿en Instagram? ¿Quizás en los medios impresos convencionales? No es un tema menor, dada la competencia que hay y la cantidad de ofertas disponibles. En este aspecto, no puedes errar.

Finalmente, llegamos a la cuarta estación, la promoción. Para muchos dueños de negocios es prácticamente la única y, por lo tanto, sus estrategias no brindan los resultados esperados. La clave del éxito en la vida y en los negocios es el equilibrio. ¿Cuál es el problema? Que muchos empresarios gastronómicos asumen que en esta etapa tienen que hablar de ellos mismos o de las características de su producto. Pero su mensaje cae en el vacío.

La fase de promoción y de fidelización en marketing es esencial para tu restaurante, porque te permite establecer una fuerte conexión con tus clientes. Es la única manera de fortalecer la relación, utilizando mensajes con contenido de calidad y de alto valor. Una seguidilla de correos electrónicos bien escritos ofrecerán una experiencia diferente e inspirarán a ese cliente a visitar tu restaurante una y otra vez. Recuerda que no se trata solo de vender, sino de servir.

Por ejemplo: si se trata de un restaurante español y estás registrado en su web, suponemos que te encantan las paellas. ¿Te imaginas recibir un correo electrónico de tu amigo chef o de ese restaurante español que te cuente un entretenido relato de la paella que lanzó a la fama al destacado chef español Karlos Arguiñano? ¿Y que la invitación sea a presenciar la elaboración de esa paella especial junto a nuestro chef y luego disfrutarla junto a tus invitados?

Recuerda: primero das y después vendes.

El marketing del siglo XXI
En los años 90, el académico Robert F. Lauterborn tuvo la virtud de encontrar un nuevo ángulo a la forma de hacer marketing: le integró la comunicación. La principal novedad de este nuevo esquema es que el cliente pasó de ser un actor pasivo a uno muy activo, en especial en el escenario digital. Fue un transformador cambio de cultura.

Ahora el consumidor investiga, compara, conoce más los productos y servicios, el mercado y las marcas. Ya no necesita ir al punto de venta, porque compra desde su casa. Y no se amarra a las marcas: busca la que mayores beneficios le ofrezca. Asimismo, tiene un as bajo la manga: la experiencia.

Lo que en el pasado fue un mensaje de una sola vía, se transformó en una enriquecedora y dinámica relación de intercambio de beneficios, de conocimiento, de experiencias. Además, aparecieron nuevos y poderosos canales de comunicación. A los tradicionales medios físicos, que siguen siendo valiosos en algunos nichos, se sumaron la web y, especialmente, las redes sociales.

Solo requerimos un computador o un dispositivo móvil y una conexión a internet. El resto parece magia. Uno o dos clics son suficientes para sumergirnos en un enorme y profundo océano de ofertas, productos y beneficios. Los consumidores investigan, se fijan en los comentarios de usuarios previos y también tratan de determinar qué tan confiable y creíble es esa persona que les ofrece la solución a su problema. En este nuevo escenario, la comunicación no está destinada a asegurar la venta, como en el pasado, sino a establecer, alimentar y fortalecer la relación con el mercado, con el cliente.

Hoy, el marketing es una fluida conversación con tus clientes, que incluye el intercambio de beneficios, de conocimientos y la posibilidad de compartir experiencias enriquecedoras. Un escenario en que las emociones son muy relevantes.

CAPÍTULO 7
EL MARKETING DE CONTENIDOS

Como hemos hablado en capítulos anteriores, el marketing consiste en establecer una relación de largo plazo con tus clientes, una relación basada en la confianza y en la credibilidad. ¿Dónde entra el marketing de contenidos? Es, precisamente, la herramienta que te permite generar confianza y credibilidad. Recuerda que quieres atraer la atención de un desconocido, convertirlo en un amigo y luego en un cliente que te compre una y otra vez y que te refiera a sus amigos y conocidos.

¿Por qué es esa la herramienta? Porque el marketing de contenidos es la estrategia de creación y distribución de temas relevantes, oportunos y útiles. Su objetivo es atraer y retener la atención de una audiencia determinada e impulsar una acción específica en esas personas. Este contenido debe estar alineado con tus demás estrategias de marketing y enfocarse en las necesidades de tu cliente.

Ya sabemos que el marketing de hoy consiste en comunicarse con el mercado, con tus clientes. Tal vez has escuchado que están de moda los robots digitales, como el Chatbots, que te permiten automatizar las respuestas y tramitar las inquietudes de tus clientes.

Sin embargo, aunque son una herramienta poderosa, de

ninguna manera sustituyen el cara a cara entre humanos. Muchísimo menos en la etapa inicial del proceso, cuando se está forjando la relación. En este punto, ese cliente potencial entra a internet para encontrar una solución a su problema o algo que necesita o desea. Y quizás encuentra tu negocio, te encuentra a ti y algo llama su atención. Pero si el siguiente clic lo conduce a un robot, hasta ahí llegó. Porque lo que quiere son respuestas a sus inquietudes que le ayuden a despojarse de sus miedos, que le brinden información veraz y confiable sobre ti, sobre lo que haces y lo que tienes para él. Si su interlocutor es un robot, se frustra la interacción.

Entonces entra en acción el marketing de contenidos. El efecto de sus acciones será más lento, pero será más seguro y confiable. El marketing de contenidos forma parte fundamental en el éxito en mis negocios. Y te ofrece una multitud de beneficios. Veamos:

1. Posicionamiento. El contenido que atrae la atención de tu cliente potencial permite que te conozca, que sepa quién eres, qué haces, cómo y para quién. No se trata de que hables de ti, sino de cómo tu conocimiento, tu experiencia y tu pasión pueden serle útiles a esa persona. La idea es que te posiciones en su mente, que no te olvide.

2. Marca. Como ya vimos, solo las marcas poderosas, reconocibles y admirables se ganan el corazón de los consumidores. El contenido te ayudar a dar a conocer ese algo especial que te hace único, contribuye a que las personas que están interesadas y necesitadas en lo que eres y lo que ofreces se enteren y tengan argumentos para elegirte a ti y no a la competencia.

3. Identificación. A través del contenido, tú le cuentas al mercado cuáles son tus valores y tus principios, cuál es el propósito de tu vida, tu misión. Así te harás visible para quienes tienen características parecidas y persiguen sueños similares, y gracias a la empatía se generará una poderosa identificación que los convertirá en un equipo insuperable.

4. Conexión. La empatía provocará que esa persona a la que ya atrajiste se interese más en ti y quiera profundizar lo que sabe de ti. Aunque estén a miles de kilómetros de distancia, a través del contenido podrán establecer una poderosa conexión y entablar una relación que se irá enriqueciendo con más contenido de valor y más beneficios.

5. Educación. Este es el beneficio del marketing de contenidos más poderoso y menos apreciado. Cuanto más conocimiento le transmitas a tu cliente, más fuerte será el vínculo que los une. No se trata de que crees cursos y te conviertas en maestro, sino que aproveches tus dones y talentos, tu conocimiento, y lo transmitas con pasión.

6. Vender. Aquí hay que hacer una salvedad: el marketing de contenidos no es una herramienta de ventas, sino la estrategia que te permite convertir a un desconocido en un amigo y a un amigo en cliente. Si el contenido que ofreces conecta con sus emociones, si lo percibe como algo de valor, cuando decida comprar te elegirá a ti y no a la competencia.

7. Impacto. A través del contenido, puedes dejar una huella en la vida de otra persona y esa es la mayor satisfacción que puedes recibir. Aunque no te compre de inmediato, si le enseñaste algo, si le ayudaste a dejar atrás sus miedos y lo empoderaste, esa persona buscará la forma de agradecer tu aporte a su vida.

8. Interacción. La mayor virtud del contenido de calidad es que promueve la interacción, permite que haya una conversación, que se da por medio de comentarios en tu blog o en los post de tus redes sociales, cuando comparte tus publicaciones con sus amigos o te contacta para conversar directamente.

9. ROI (retorno a la inversión). Si el contenido es de calidad, si el mensaje es poderoso, si se transmite a través del canal adecuado (en el que están tus clientes) y les llega a las personas correctas, vas a recibir el ROI no solo en dinero, sino en otras maravillosas formas: gratitud, reconocimiento, testimonios favorables, recomendaciones a otras personas y más.

10. Aportar valor. La suma de los anteriores beneficios redundará en que tu cliente te perciba como una propuesta única de valor que le interesa. Cuando llegue el momento, te comprará y si lo sigues nutriendo con más contenido, lo hará una y otra vez. Recuerda que el contenido es tan importante antes de que te compre como después, para fidelizarlo.

"Todo lo que se haga por aportar valor, es marketing", afirma Seth Godin, autor de los bestseller *La vaca púrpura* y *This is marketing*, entre otros. Ese es el gran poder del marketing de contenidos: transmitir valor. Lo hace al contar historias, vender un estilo de vida, inspirar y empoderar a las personas que reciben tus contenidos.

Como ves, no puedes omitir el marketing de contenidos, porque puede brindarte grandes beneficios que se traducirán en más ventas. Y si investigas un poco a los referentes del mercado, verás que una de sus fortalezas es, precisamente, que generan contenido de calidad.

Características del marketing de contenidos
En este tema, te prevengo de un error que muchos cometen: no puedes copiar literalmente las estrategias que utilizan otros porque ellos tienen éxito, y esperar los mismos resultados. Recuerda que cada negocio es único y tus clientes no son los mismos de otros restaurantes.

Aunque no seas tú quien produzca el contenido, debes conocer en profundidad en qué consiste esta poderosa estrategia para que puedas guiar a esa persona o empresa que vas a contratar para que genere tus contenidos en diferentes formatos. Tú eres el director de la orquesta, pero son los músicos los que interpretan.

La primera característica del marketing de contenidos es que debe estar enfocado en tu cliente ideal. Si produces y publicas contenido genérico, lo más seguro es que tus clientes no lo vean, porque no se sienten identificados.

Probablemente no tienes un solo tipo de cliente ideal en tu restaurante. Por lo general, hay dos o tres tipos distintos, principalmente por su edad o si es hombre o mujer. Eso significa que tu contenido debe responder a esos perfiles y, sobre esa base, debes diseñar tu propia estrategia.

Para manejar correctamente las bases de datos de tus prospectos o futuros clientes, debes determinarlos y segmentarlos según el tipo de avatar que corresponda para así fidelizarlos, lo que implica dirigirte de manera independiente a cada uno de ellos.

Por ejemplo: configuras tus campañas de email marketing en tres envíos a la semana, los lunes, miércoles y viernes. El contenido del lunes está enfocado en el público masculino adulto; el del miércoles, en los hombres jóvenes y el de los viernes, en las mujeres. Es así de fácil. Aunque hay contenidos que sirven para todos, la clave del marketing hoy está en la personalización.

La segunda característica es "mejor poco y bueno que mucho y malo". Es muy molesto recibir cada día mensajes con contenidos vacíos que no te aportan nada. Si bien no alcanzan a clasificar como spam, perfectamente podrías descartarlos.

Además, estamos llenos de tareas y de responsabilidades y apenas nos queda tiempo para descansar. Eso significa que no estamos pendientes de los mensajes todo el tiempo. Sí nos interesan los que consideramos importantes: los laborales, los de las personas más cercanas, los de nuestro círculo íntimo. Los demás los gestionamos en función del tiempo libre, del estado de ánimo y, por supuesto, del emisor y del contenido del mensaje.

Esto nos lleva a la tercera característica del marketing de contenidos: la autenticidad. Dado que se trata de establecer una relación con tu cliente, fomentar una conversación con él y promover una interacción, no puedes copiar contenido de otras personas ni de un blog ajeno. No solo porque es poco ético, sino porque las consecuencias son negativas.

Recuerda que la clave está en tu capacidad para generar una relación de largo plazo con cada uno de tus clientes, basada en la confianza y la credibilidad. El contenido de valor es la herramienta que te permite ganarte la confianza de esa persona, establecer un vínculo de credibilidad y que sepa que eres auténtico.

La cuarta característica es la actualidad. El mundo cambia muy rápido y las personas quieren estar actualizadas. Disponer de conexión a internet en cualquier lugar, todo el tiempo, ha provocado que nos volvamos obsesivos con la información inmediata. Por ende, el contenido que generes debe estar alineado con el día a día, sobre todo cuando utilizas redes sociales.

Eso no significa que tengas que convertirte en un medio de comunicación, sino que debes conocer qué interesa y conmueve a tu cliente hoy para darle lo que desea o necesita. Pero no pierdas de vista otros objetivos como educarlo o entretenerlo, que son indispensables en tu estrategia.

Una quinta característica del marketing de contenidos es que se debe crear en función de seres humanos. Lo fundamental no es la tecnología, sino la relación de intercambio de beneficios entre seres humanos basada en la confianza y la credibilidad, en la empatía que se desarrolla entre dos personas, en la identificación de objetivos, en la comunión de su pasión.

Un buen contenido invita a la reflexión, brinda elementos de juicio para que nos cuestionemos, por ejemplo, sobre el tipo de alimentación que consumimos y cómo repercute en nuestra salud. O aborda el tema de adquirir una rutina de ejercicio para combatir el sedentarismo. Estos son ángulos del marketing de contenidos que los clientes valoran y agradecen.

El embudo del marketing de contenidos

El marketing de contenidos es tu mejor aliado en el proceso de darte a conocer, posicionarte y atraer la atención del mercado, de esos clientes potenciales que están ahí afuera esperando la respuesta que tú tienes para su deseo. Luego de atraerlo, el contenido de valor te permite transformarlo en cliente.

¿Cómo lo hace? En la medida en que esa persona te conoce y se genera un vínculo de confianza y credibilidad, se van derribando las objeciones y puedes convencerlo de que tú posees justo lo que él necesita. Una vez que compra, el contenido sirve para fortalecer la relación.

Es lo que conocemos como el embudo del marketing de contenidos, un proceso que sigue tu cliente potencial que quizás vio uno de los avisos que publicaste en Facebook o supo de tu restaurante porque un amigo le habló bien de él y también quiere vivir esa agradable experiencia.

Ingresa a tu página web, consulta tu blog, te sigue en las redes sociales y, lo más importante, se suscribe a tu servicio de email marketing para recibir en su correo las novedades y noticias de tu restaurante. Cada nota de valor que recibe es un paso más para establecer esa relación. El objetivo es que pase del plano virtual al físico, que vaya a tu restaurante o solicite servicio de *delivery* o *take-away*.

Cuando vive la experiencia en carne propia y comprueba que la recomendación que le hicieron era buena, quiere saber más de ti, de tu restaurante, de tu comida. Y quiere que otros amigos y sus familiares también acudan a tu negocio. Pero no puedes esperar que ese proceso se dé de manera natural: tienes que inducirlo. ¿Cómo? Lo conquistas con contenido de valor que le envías a su correo electrónico una o dos veces a la semana: notas, sugerencias, recetas y quizás un corto video en el que cuentas tu historia o la historia de uno de los platos estrella de tu carta. También lo invitas a probar ese nuevo postre sin adición de azúcar o el menú dominical para la familia.

En la medida en que ese contenido de valor cumpla con los objetivos de educarlo y entretenerlo, de estrechar el vínculo y promover la interacción, ese cliente querrá ir a tu restaurante con mayor frecuencia con sus amigos, su familia, sus compañeros de trabajo. Dejará de ser un cliente más para transformarse en una persona especial, un fiel amigo de la casa.

A largo plazo, esa dinámica de intercambiar beneficios, de conocerse mejor, de escuchar sus sugerencias (y sus quejas) y brindarle una atención personalizada, redundará en que te visite con mayor frecuencia y se convierta en un embajador de tu marca; te agradecerá trayendo más buenos clientes como él.

Quizás te preguntes si puedes conseguirlo por un camino distinto al del marketing de contenidos. La respuesta es sí, pero son caminos más lentos y costosos y menos efectivos. Por supuesto, tú eliges cuál prefieres.

Reitero algo que ya mencioné: los referentes del mercado, en cualquier industria, se apoyan en el marketing de contenidos. Producen y publican contenido de valor a través de diferentes canales en distintos formatos para mantener el contacto con sus clientes/seguidores, para nutrirlos, fidelizarlos y evitar que se vayan con la competencia.

Debes contratar a un periodista o un *copywriter* profesional para que produzca contenidos según tus lineamientos, objetivos y estrategias, y es más barato y más efectivo que otras estrategias. Recuerda la premisa de oro del marketing: "Antes de ofrecer algo, tienes que aportar valor".

La venta en frío no es la estrategia más recomendable, debido al bombardeo mediático al nos someten los medios de comunicación y los canales digitales. El cliente potencial es desconfiado, teme ser engañado y es muy celoso de su información personal. Por ende, para derribar esas objeciones y conseguir que abra las puertas de su vida, hay que calentarlo.

¿Eso en qué consiste? Justamente en atraer su atención, conquistar su corazón, nutrirlo (intercambiar beneficios, interactuar) y, por último, fidelizarlo. A medida que avanza en cada etapa del embudo de marketing de contenidos, la temperatura sube, está más caliente.

Con contenido de valor, no solo estableces la confianza y la credibilidad que requieres, te das a conocer y te posicionas como una propuesta única de valor, sino que también derribas las objeciones de tu cliente potencial y respondes sus inquietudes. Lo puedes hacer con otra estrategia, pero el marketing de contenidos es la mejor.

¿Y las ventas? Las ventas son una consecuencia, como lo vimos en un capítulo anterior. ¿De qué? De tus acciones y de tus decisiones, de tus estrategias de marketing, incluida la del marketing de contenidos. Si son acertadas, seguro que venderás.

Los canales del marketing de contenidos

Llegamos a otro tema que despierta polémica: es la creencia de que lo importante es lo que publicas en Facebook, Twitter, Instagram, YouTube o LinkedIn, por mencionar solo las redes sociales más populares. Sin embargo, no es cierto. Lo importante es el contenido, no el canal.

Atraer la atención de tu cliente potencial es cada día más difícil debido al bombardeo mediático que nos impulsa a ser selectivos e incluso desconectarnos a ratos. Además, hay demasiada competencia, alguna muy buena. Y también a raíz de la creciente desconfianza de los consumidores.

Entonces, tu propuesta de valor tiene que ser realmente poderosa, tu marca debe ser muy fuerte y tu marketing de contenidos muy impactante para llamar la atención de esas personas. Asimismo, tienes que publicar en aquellos canales en los que están tus clientes potenciales, incluidos los físicos, los *offline*. No se trata de publicar por publicar; eso no sirve.

Veamos algunas de las preguntas frecuentes relacionadas con este tema:

¿Tengo que publicar contenido? ¿Qué pasa si no publico nada?
No es una obligación, pero sí una necesidad. Para conectar con tus clientes, requieres contenido de calidad que aporte valor. Si no publicas nada, te vuelves invisible aunque tengas web y estés en las redes sociales. El contenido es lo que te permite establecer el vínculo y luego fortalecerlo. Es la

herramienta más efectiva para crear el ambiente de confianza y credibilidad en el que un desconocido se convierte en un amigo y ese amigo, en un cliente. Si ya compró, el contenido es necesario para enriquecer la relación, para continuar el intercambio de beneficios, para fidelizarlo y que te atraiga otros buenos clientes como él

¿Cuál es el mejor formato para hacerlo?
Hay una gran variedad de opciones. Notas en un blog, infografías, podcast (audio), video, guías, documentos descargables (pdf), libros, ebook o revista digital (formato pdf). También pueden ser transmisiones en vivo a través de redes sociales, webinars o cursos virtuales. El formato y el canal que elijas son secundarios, lo importante es que el contenido sea de valor.

La idea es que elijas el formato que más te acomode y en el que seas más auténtico. Lo mejor es utilizar varios, pero eso solo se puede determinar en función de nuestro cliente ideal, de lo que sepamos de él, de sus gustos y sus hábitos a la hora de consumir contenido. Todo ello con el objetivo principal de que se registren en tu página, donde está el formulario, y comenzar el trabajo de fidelización y venta.

¿Cuál debe ser la periodicidad de las publicaciones?
Tienes que crear un sistema de publicación que se ajuste a las preferencias y necesidades de tus clientes. Lo ideal es ni tanto ni tan poco. Tres publicaciones a la semana son una buena cantidad.

Si solo publicas una vez, con la idea de "no molestar a mis clientes", quizás no te vean. No sabes en qué están cuando reciben tu mensaje; quizás están ocupados o no tienen conexión y nada te garantiza que lo verán después. Por eso, tres publicaciones semanales, día por medio, son una buena medida al menos al comienzo. Después, tus métricas te dirán.

¿En qué canales debo publicar mi contenido?
Solo en aquellos en los que sabes que se encuentran tus clientes. Y no solo contemples los digitales, porque los medios físicos, como la prensa, la radio y la televisión, siguen siendo efectivos en algunos nichos.

El canal depende del formato en que vayas a presentar tu mensaje. Instagram, por ejemplo, es más gráfico, lo recomiendo para tu restaurante; en Twitter los puedes enviar a tu página web mediante un enlace. Prueba, intenta, valida, corrige y decide.

¿Qué tipo de contenido debo publicar?
Cualquiera que les aporte valor a tus clientes, que le enseñe, que lo entretenga y lo motive a recibir tus mensajes. Lo ideal es que tu contenido responda las preguntas básicas: ¿qué? (qué haces), ¿cómo? (cómo lo haces), ¿por qué? (por qué lo haces), ¿quién? (para quién lo haces), ¿cuándo? (la ocasión), ¿dónde? (el lugar). Cuenta tu historia, revela tus secretos, comparte conocimiento, brinda entretenimiento, sé creativo.

Los canales digitales
Uno de los errores más frecuentes es creer que debes estar en todas las redes sociales. En realidad, tienes que estar donde estén tus clientes, nada más. ¿Y cómo saberlo? Con los datos que recopilas por medio de tu página de registro: cuando tus prospectos rellenan el formulario, tu sistema te arrojará de dónde proviene ese registro. Así de fácil.

Eso no quiere decir que no puedas usar otros canales. Por ejemplo, si determinas que tus clientes están en Facebook, dale prioridad a esa red, pero igual puedes publicar contenido en YouTube o en Instagram, porque así te haces visible para otros clientes potenciales que te pueden reconocer y recordar. Lo uno no excluye lo otro.

Lo importante es que tus publicaciones deben responder a una estrategia, a un plan consciente y detallado, a unos objetivos claros y específicos a corto, mediano y largo plazo que, además, puedas medir con precisión.

Una adecuada estrategia de medios permite que las empresas pequeñas, como tu negocio o restaurante, compitan sin temor en el mercado frente a los gigantes que gozan de presupuestos ilimitados. Además, y este es un beneficio que vale oro, en internet todo puede ser medido en tiempo real, todo queda registrado, así que es fácil saber si erraste o acertaste.

Uno de los mayores beneficios de las estrategias de medios para tu restaurante es que puedes determinar en detalle cómo es el comportamiento de tu cliente potencial, cuáles son sus gustos y sus hábitos. Así puedes ajustar esas estrategias para ofrecerle justo lo que él quiere; es decir, te anticipas a su deseo.

La esencia de una estrategia de medios es la interacción, conversar con tu cliente. Hoy él quiere ser el protagonista de la relación y las herramientas que nos ofrece internet nos dan la posibilidad de interactuar con él 24/7/365. Lo crucial es que entiendas que él tiene la voz y tu rol consiste en escuchar.

El fin último de una adecuada estrategia de medios es formar una comunidad. Estas agrupaciones, que reúnen a personas con intereses y gustos afines, con objetivos y pasiones similares, son esenciales en el marketing digital en el siglo XXI.

La clave del éxito de una estrategia de medios para tu restaurante la puedes definir en 3C: contenido de valor, conversación (interacción) y conversión (conexión). El contenido es el alimento que nutre la relación con tu cliente. La conversación es el camino que te permite consolidarla y enriquecerla y la conversión (venta) es la consecuencia de lo anterior.

Como ves, no se trata solo de estar en las redes sociales. En marketing, solo obtienes resultados a partir de estrategias conscientes, planificadas, sistemáticas y medibles. Para lograr estos objetivos puedes usar los recursos y herramientas que internet nos brinda. Veamos:

FACEBOOK - Características

Es la red social por excelencia. Sin embargo, dista mucho de ser perfecta y para sacarle provecho es necesario conocer cómo funciona. Por cuenta de su caprichoso algoritmo, que cambia con frecuencia, llegar a más personas en Facebook es cada vez más difícil, al menos de forma gratuita, y también es la razón por la cual muchos seguidores se hartaron y la abandonaron.

Cuenta con más de 2.500 millones de usuarios en el mundo, lo que la hace una herramienta de gran alcance. Y también las acciones de impacto que podemos realizar en esta red social: páginas empresariales (posicionamiento, visibilidad), anuncios pagados (indispensables), contacto directo con tu audiencia (comunidad) y, algo crucial, múltiples métricas detalladas.

Ventajas
1. Es la red social que más usuarios aglutina y esa es suficiente razón para estar ahí.
2. Su audiencia se concentra entre los 18 y los 54 años, personas económicamente activas.
3. El acceso a esta red se da casi siempre a través del teléfono celular.
4. Es una excelente herramienta para gestionar marca e interactuar con tus clientes.
5. El costo de los avisos publicitarios es significativamente menor que el de otros canales.

6. La segmentación que permite es muy detallada y facilita localizar a tu cliente potencial.
7. Las métricas que ofrece son también muy detalladas y permiten enfocar muy bien tus estrategias.
8. Da la posibilidad de hacer transmisiones en vivo, algo cada vez más popular.
9. La página empresarial incluye un chat a través del cual conversas con tu audiencia.
10. Es posible automatizar algunas acciones, como las respuestas a preguntas frecuentes.

Desventajas
1. El algoritmo es caprichoso y cambiante y, lo peor, lo hace sin previo aviso.
2. Si quieres llegar a más personas, debes invertir en publicidad y los avisos incomodan al usuario.
3. No tienes control sobre tu página: es un recurso que tomas prestado.
4. La rotación de los usuarios: muchos entran cada día, pero también muchos salen de la red.
5. Si no conoces sus secretos (pixel, segmentación), tus resultados serán magros.

TWITTER – Características
Más que una red social, como estaba planteada en un comienzo, se transformó en una gran vitrina para los medios de comunicación. Es un escenario a través del cual es fácil obtener información inmediata, aunque no siempre es veraz. Funciona como un microblog, dado que las publicaciones solo pueden extender un máximo de 180 caracteres, incluidas las etiquetas.

Aunque tiene muchos menos usuarios que Facebook, poco más de 362 millones, la actividad que se registra en esta red es prolífica: se publica casi 65 millones de tuits al día. Es ideal para publicar noticias cortas que conduzcan a tus clientes potenciales a tu web a través de enlaces o videos cortos. La mayoría de los usuarios de Twitter se concentra entre los 18 y los 49 años.

Ventajas
1. Los seguidores de Twitter son más activos y comprometidos que los de Facebook.
2. Fue la red que creó las etiquetas (*hashtags*), poderosas herramientas de segmentación.
3. También posee herramientas muy útiles para medir la actividad de tu audiencia.
4. Es una plataforma muy sencilla e intuitiva que cualquiera puede utilizar.
5. A través de esta red, la circulación de las noticias es muy rápida, muy activa.
6. Aunque la extensión es restringida, se puede publicar fotografías o videos.
7. Tú decides qué ves, a quién ves, a quién sigues en la red (puedes bloquear lo tóxico).
8. Es amigable con el usuario al que le incomoda el exceso de publicidad.
9. Es útil para la creación de marca, un objetivo crucial para tu restaurante.
10. Con los DM (mensajes directos) se facilita la comunicación personalizada.

Desventajas
1. En esta red abundan el contenido tóxico y los *haters*.
2. Como la extensión es limitada, no siempre es fácil comunicar el mensaje adecuado.
3. Cada vez hay más perfiles falsos destinados a promover prácticas desagradables en la red.
4. Por la cantidad de publicaciones diarias, los tuits tienen una vida efímera.
5. La información se convierte en viral muy rápido, incluidas las mentiras.

INSTAGRAM – Características

Sin duda, es la red que más ha crecido en los últimos tiempos y también la que más conserva el carácter de social. Aunque se puede hallar perfiles falsos o de empresas engañosas, en este sentido es bastante menos tóxica que Facebook y Twitter. Está cerca de los mil millones de usuarios y es una de las preferidas de los jóvenes, que serán nuestros consumidores a corto plazo.

Por tratarse de una red social muy gráfica, es ideal para tu restaurante gracias a formatos como las fotografías y los videos. También permite la publicación de *stories*, que son videos instantáneos cortos, de muy fácil consumo. Esta red está diseñada para consumirse en dispositivos móviles y todavía es amigable, entretenida y divertida.

Ventajas
1. Las marcas perciben a esta red como una poderosa herramienta para posicionarse.
2. Saca el máximo del contenido visual, lo que genera un gran compromiso.
3. Por ser menos tóxica que otras redes, los usuarios son más comprometidos.
4. Por su formato visual, humaniza las marcas, las acerca a los usuarios.
5. Que te vendan en Instagram no está mal visto, si no eres demasiado agresivo.
6. Muchos usuarios que salieron de otras redes llegaron a esta y se quedaron.
7. Es el canal preferido de los influenciadores, de las figuras públicas.
8. Permite incluir enlaces, etiquetas y emojis que hacen que tus mensajes sean amigables.
9. Ideal para negocios como restaurantes, que quieren mostrar sus productos.
10. Puedes realizar encuestas o concursos para interactuar

con tus clientes y conocerlos mejor.

Desventajas
1. Si no sabes usar las etiquetas, el impacto de tus publicaciones se reduce significativamente.
2. Cada vez hay más publicidad engañosa en Instagram. ¡Cuidado!
3. Al contar con menos usuarios activos, llegas a una audiencia menor que con otras redes.
4. Debes conocer y aplicar las políticas de publicación de la red o te bloquean el perfil.
5. Si usas imágenes que no son de buena calidad, los usuarios te castigan.

YOUTUBE – Características

Es la segunda red social por número de usuarios, con 2.000 millones de personas, superada solo por Facebook. Además, el video es un formato que cada vez gana más adeptos y que podemos disfrutar en cualquier dispositivo si contamos con una conexión a internet. Es el escenario natural para publicar y ver videos.

Uno de los mayores beneficios de este canal de videos es la creación de comunidades a través del servicio de suscripción. De hecho, YouTube es el segundo canal de búsquedas más utilizado de internet, superado solo por Google, lo que significa que el contenido que publicas allí es potencialmente fácil de encontrar para cualquier persona.

Ventajas
1. El auge del video, un formato amigable cada vez más consumido.
2. Los videos pueden ser publicados en tu blog, Facebook, Twitter y más canales digitales.
3. Los medios de comunicación tradicionales llegaron a

YouTube y arrastraron a miles de usuarios.
4. Tiene una gran capacidad de almacenamiento y es gratis.
5. El contenido en video, según estudios, incrementa el índice de conversión en hasta un 30%.
6. Fácil de usar, intuitivo, apto para todos los públicos.
7. Puedes subir y ver los videos desde cualquier dispositivo móvil o de escritorio.
8. En tu canal tienes centralizados tus videos y puedes administrarlos como desees.
9. Está considerado como el canal perfecto para conseguir posicionamiento de marca.
10. Hoy puedes hacer videos de calidad con tu celular y subirlos de inmediato a tu canal.

Desventajas
1. Necesitas ser constante y coherente en tus publicaciones para generar audiencia.
2. Los resultados en este canal no se dan de un día para otro: ¡se requiere paciencia!
3. Un video de mala calidad de imagen o de sonido defectuoso liquida tu marca.
4. No es posible bloquear los comentarios, aun cuando sean groseros y ofensivos.
5. Necesitas tener una cuenta de correo de Gmail para crear un canal.

PINTEREST – Características
Menos popular que otras redes sociales, cuanta con una audiencia no despreciable de poco más de 300 millones de personas. A diferencia de Facebook o Twitter, cuyas versiones actuales son bien distintas de lo que fueron en un comienzo, Pinterest conserva su identidad, su estilo, es una de sus fortalezas. Su interfaz es muy creativa, intuitiva y amigable con el usuario.

El contenido que allí se publica está conectado directamente con los gustos e intereses de los usuarios, de modo que es más fácil y rápido encontrar tus clientes (o que tus clientes te encuentren a ti). Comidas y bebidas, moda, artesanías y DIY (hazlo tú mismo) son las categorías más populares y más buscadas en Pinterest, por lo que es ideal para un restaurante.

Ventajas
1. La mayoría de los usuarios son mujeres entre 25 y 50 años (que deciden el consumo).
2. Es ideal para generar tráfico orgánico hacia tu página web o tu blog institucional.
3. Puedes enlazar los pines o marcadores visuales interactivos que publicas directamente a tu página de ventas.
4. Ofrece una variedad de analíticas que te permiten medir el impacto de tus campañas.
5. El costo de la publicidad en Pinterest es menor que en otras redes sociales.
6. La mayoría de las categorías de publicación están conectadas con las pasiones de los usuarios.
7. Pinterest genera más tráfico que Google+, YouTube y LinkedIn combinados.
8. Funciona como una vitrina de ventas para tus productos.
9. Ha demostrado ser un excelente canal para que los compradores encuentren productos.
10. Es una excelente herramienta para promover a tus redes de contactos profesionales o *networking* y alianzas estratégicas.

Desventajas
1. Es menos popular que otras redes sociales y, por ende, los resultados son más lentos.
2. La gran mayoría de los usuarios son jóvenes, aún sin poder adquisitivo.
3. Solo puedes acumular 2.000 tableros (imágenes), lo que a largo plazo supone un problema.
4. Dado que no es una red social en sí, es invisible para muchos

clientes potenciales.
5. Los usuarios suelen quejarse por frecuentes problemas técnicos de la plataforma.

TRIPADVISOR - Características

Aunque no es una red social, TripAdvisor ha adquirido importancia entre los viajeros y turistas del mundo en los últimos años, pues es un canal en el que pueden compartir sus experiencias. Es una página web a través de la cual se busca hoteles, restaurantes y otras atracciones y actividades en cualquier ciudad del mundo.

Uno de sus atractivos es que brinda guías gratuitas, que siempre son útiles para los viajeros. El poder de esta web radica en los 750 millones de comentarios de usuarios que se puede consultar sobre alojamientos, restaurantes, experiencias, vuelos y cruceros, entre otras alternativas. Está disponible en 48 mercados y en 28 idiomas. Si tienes un restaurante, tienes que aparecer aquí.

Ventajas
1. Por la cantidad de información que ofrece, facilita la elección del consumidor.
2. Además de los comentarios, los usuarios ayudan compartiendo también imágenes.
3. A los negocios nuevos o pequeños los ayuda a ser visibles en el mercado.
4. Ofrece varios tipos de clasificaciones que ayudan al viajero a tomar una decisión.
5. La principal virtud es que permite a los viajeros expresar sus opiniones.

Desventajas
1. No hay que creer todo lo que lees en TripAdvisor: muchos comentarios son malintencionados.

2. Los establecimientos desconfían abiertamente del algoritmo que establece el ranking.
3. Algunos de los servicios solo están disponibles en una versión premium.

Como ves, son muchas, muy variadas y muy poderosas las opciones que la tecnología pone a nuestra disposición para generar y publicar contenido de valor para nuestros clientes. Cuáles usar y cómo hacerlo dependerá de tus objetivos, de tus recursos, del perfil de tus clientes y de tu presupuesto. La lección, en todo caso, es que contenido e internet son más que redes sociales.

CAPÍTULO 8
LA MARCA
¿CÓMO QUIERES QUE TE RECUERDEN?

Una de las primeras falsas creencias consiste en pensar que el *branding* es exclusivo de las grandes marcas, de aquellas empresas que manejan presupuestos multimillonarios. Así fue durante mucho tiempo, pero eso cambió cuando internet irrumpió en nuestra vida y en nuestros negocios.

¿De dónde surge este error? De creer que *branding* es lo mismo que publicidad. Y hoy es una asignatura que deben cumplir las personas y las marcas o negocios, las grandes, las medianas, las pequeñas.

Otro error común es que muchos confunden marca o *branding* con ego y se dedican a hablar de sí mismos, de sus hazañas y distinciones, y de la cantidad de seguidores que tienen en redes sociales. Es, por ejemplo, lo que sucede con personajes públicos reconocidos, como deportistas, periodistas, políticos, cantantes o escritores.

Sin embargo, no se trata de eso. Algunas personalidades famosas se transforman en influenciadores simplemente porque acreditan cientos de seguidores en internet. Sin embargo, solo ostentan su riqueza y quieren vender un estilo de vida feliz. Y eso no es marca.

Una tercera equivocación habitual es pensar que solo debes desarrollar la marca cuando ya eres famoso y el mercado te conoce. Aunque no te des cuenta, desde que naces y hasta que mueres estás en el proceso de establecer tu marca. El problema se da cuando no la controlamos.

Por eso, para definir lo que es una marca, personal o empresarial, suele ser más conveniente ir por el camino inverso; es decir, definir qué no es una marca para despojarnos de los mitos y luego establecer en qué sí consiste una marca.

¿Qué es marca personal?

Antes de entrar en materia, una precisión: en este capítulo hablaré indistintamente de marca personal y de *branding* o marca empresarial, porque en el caso de un restaurante es indispensable desarrollar las dos. ¿Por qué? Porque la marca personal corresponde, por ejemplo, al chef y el *branding* o marca empresarial, a tu restaurante.

Primero analizaremos la marca personal. Quizás es un tema que no te habías planteado, pero muchas veces en la gastronomía, lo más importantes quién está en la cocina. Si te menciono los nombres de Arnaud Donckele, Ferrán Adriá, Massimo Bottura o Joan Roca, de inmediato sabes a qué restaurantes me refiero.

¿Por qué? Porque ellos son la marca. El restaurante es simplemente el escenario físico en el que comparten con sus clientes su talento, sus habilidades y el estilo que crearon. Si te digo La Vague d'Or, ¿en quién piensas? Si te digo El Bulli, ¿qué nombre se te viene a la memoria? Si te digo Osteria Francescana y El Celler de Can Roca, ¿en quiénes piensas?

Aunque seas muy aficionado a la buena comida, aunque seas un experto en gastronomía, es más fácil recordar a Donckele, Adriá, Bottura y Roca que sus restaurantes. Esos establecimientos son famosos y reconocidos entre los mejores del mundo gracias, precisamente, a sus propietarios, a sus chefs.

Sin embargo, muchos restaurantes solo trabajan el *branding* corporativo y se olvidan de la marca personal. "Ah, Rodrigo, es que yo no soy famoso ni millonario como Adriá o Bottura", podrás decirme, pero si piensas así, estás equivocado. Para tus clientes, tú eres un Adriá, un Bottura, un Donckele, un Roca, aunque no tengas estrellas Michelin, por eso te eligen. No menosprecies tu marca personal.

Hay quienes creen que tener una marca es estar presente en internet; específicamente, en redes sociales. Piensan que contar con un perfil en Facebook, Instagram o YouTube es suficiente. Pero no es así.

Durante la crisis del coronavirus, muchos consumidores abandonaron las marcas a las que estaban acostumbrados y eligieron unas nuevas. ¿El motivo? Por un lado, aquellas no estaban preparadas para solucionar sus problemas y, por otro, una situación insólita, peor: ¡ni siquiera las encontraron en internet!

Las que no pudieron satisfacer la necesidad de sus clientes aparecen en internet, en las redes sociales, pero no tienen vida, sólo contienen la información básica de la marca. Y, aunque te parezca raro, internet es un ser viviente. Son negocios que creyeron que era suficiente con montar una página web y que los clientes iban a llover.

Algunas tiendas, algunos restaurantes, sorprendieron a sus clientes, porque publicaban bonitas fotos de sus productos, pero no lograban venderlos; los clientes no podían comprar, porque esas web no contaban con una *landing page* en la que pudieran registrarse para luego hacer su pedido en su carta de ventas o página de ventas y pagarlo.

Las del segundo grupo son invisibles; es decir, se limitan a contar con un perfil en algunas redes sociales, pero no tienen vida en internet, no están capacitadas para interactuar con sus clientes, no tienen habilitados canales de servicio al cliente, usan internet como si fuera un viejo directorio telefónico.

La primera conclusión es que marca o *branding* no es estar presente en internet, Facebook, Instagram o Twitter. Internet y las redes sociales son nada más canales a través de los cuales una empresa, un pequeño negocio o una persona cualquiera pueden comunicar a otros su marca personal, su *branding*. Por lo tanto, saca de tu cabeza esta idea equivocada.

Otra confusión gira en torno a los logos. Hay quienes creen que la marca es el logo. Entonces, cuando están en la fase inicial de su proyecto, contratan a una agencia de publicidad para que les desarrolle la marca, sin darse cuenta de que ese es un trabajo que corresponde al terreno del *branding* corporativo.

Algo similar sucede con la imagen, muy de moda entre los jóvenes. Sin embargo, la forma en que vistes, el estilo de ropa que usas (colores, diseños, combinaciones), la forma en que llevas el cabello o si prefieres lo formal o lo informal tampoco es tu marca personal. La imagen es apenas un componente del todo.

Otro error es creer que la marca es algo exclusivo de las personalidades, de las figuras públicas. Pero más que una marca personal, se manejan como un producto destinado a generar ganancias, el extremo opuesto a lo que es una marca personal.

Por último, la marca personal nada tiene que ver con tus títulos académicos, con el cargo que desempeñas, con tu currículo, con los premios o reconocimientos que has recibido, con la cantidad de seguidores que tienes en redes sociales.

¿Qué es, entonces, la marca personal? Cada persona, todas las personas, somos una marca, aunque no seamos conscientes de ello. Una marca que, dicho sea de paso, estará con nosotros mientras vivamos y, eventualmente, después de nuestra muerte. Por eso, debemos identificar claramente nuestra marca personal.

La marca personal es lo que nos hace diferentes del resto, únicos y valiosos. En pocas palabras, lo que te define como persona. La marca personal es, por ejemplo, la huella que dejas en los que te conocen, es el legado que dejas cuando te retiras de una empresa. Pero, especialmente, la marca personal, como dice Jeff Bezos, "es lo que dicen las personas cuando estás ausente".

La marca personal define exactamente lo que tú eres como un ser humano único e irrepetible. Te pareces a otros, como a tus padres, a tus abuelos o a un tío, pero eres distinto de cada uno de ellos. Tienes características que te hacen diferente y que te hacen valioso para otros, las que provocan que otras personas se fijen en ti y te elijan.

La marca personal es eso que tú descubres en ti que resulta útil y valioso para otros. Tiene dos componentes: primero, es algo que aumenta tu valor como persona y, segundo, te da la posibilidad de tener el control sobre tu vida, sobre tus actos. Por ejemplo, eres una persona que tiene la capacidad para transmitir conocimiento a otros, como un maestro o un mentor.

O, quizás, eso que te hace diferente es que sabes contar historias poderosas a través de relatos escritos o de presentaciones en video. O eres un compositor y cantante que toca las fibras emocionales de otros a través de sus canciones, de su mensaje. O eres una persona generosa y desprendida que da valor a otros a través de su vocación de servicio.

La marca personal, tu marca personal, está conectada con tus valores, con tus principios, con tus creencias, con la educación que recibiste y la forma en que ves el mundo y la vida. También, de manera especial, con tus pasiones: qué lees y a quién lees, qué música escuchas, de qué deportes y equipos eres fanático, cuál es tu posición frente a temas como la diversidad o el medioambiente.

Nada tiene que ver con imagen, con presencia, con títulos académicos, con logros o con dinero. La marca personal es algo intangible. Veamos un ejemplo: el expresidente estadounidense Barack Obama. Supongo que coincidirás conmigo en que es una marca personal muy poderosa, alguien que dejó un legado, que marcó un estilo propio e inspiró a muchos.

Algunas de las características que distinguen a este singular personaje:

- Nació en Honolulú, capital del estado de Hawái.
- Su padre, del mismo nombre, nació en Kenia, uno de los países más pobres de África.
- Su madre, Shirley Ann Durham, es doctora en antropología de la Universidad de Hawái.
- Sus padres se divorciaron cuando tenía solo 2 años.
- Su madre se volvió a casar y se mudó a Indonesia, el país de origen de su nuevo esposo, donde Barack pasó la infancia y cursó la escuela primaria.
- Cuatro años más tarde, regresó a Hawái y quedó a cargo de sus abuelos.
- Su padre había regresado a su país natal y su madre realizaba

trabajo de campo en antropología en Asia.
- Cuando terminó la secundaria, se trasladó a Los Ángeles para seguir su formación.
- Ingresó a la universidad Occidental College (dos años).
- Luego se trasladó a Nueva York para estudiar ciencias políticas con especialización en relaciones internacionales en la prestigiosa Universidad de Columbia.
- Pagó sus estudios con becas y préstamos para estudiantes.
- Cuando se graduó, se mudó a Chicago. Allí trabajó con iglesias que ayudaban en la reconstrucción de las comunidades devastadas por el cierre de las fábricas de acero.
- La siguiente escala fue Boston, para estudiar derecho en la Universidad de Harvard.
- Con el título en la mano, regresó a Chicago como profesor de derecho constitucional en la Universidad de Chicago.
- Desempeñó cargos varios en diversas empresas y bufetes antes de convertirse en senador.
- El 4 de enero de 2005 se convirtió en el quinto senador de origen afroamericano.
- En junio de 2008 ganó la candidatura a la presidencia por el Partido Demócrata tras derrotar a Hilary Clinton.
- El 4 de noviembre de 2008 se convirtió en el presidente número 44 de Estados Unidos y el primero de origen afroamericano.
- Recibió el Premio Nobel de la Paz de 2009.
- Como presidente, se destacó por su espíritu conciliador, su tono mesurado y prudente.
- En 2014, restableció las relaciones con Cuba y visitó la isla.
- Su discurso siempre fue coherente, aunque no pudo cumplir todas sus promesas.
- A pesar de su cargo, nunca perdió la sencillez o la humildad.
- Es un tipo carismático, que irradia buena energía, de esos que se hacen querer fácilmente.
- Siempre proyecta una imagen elegante, pulcra, seria.
- A pesar de las responsabilidades de su cargo, nunca dejó de ser un padre de familia y esposo.

- Es un excelente orador, cálido, honesto y empático.
- Rompió esquemas y estereotipos y se atrevió a cambiar viejas posturas.
- Es auténtico y no teme mostrarse tal cual, o mostrar el tras bambalinas de su vida personal.
- Sus detractores lo definen como una persona "arrogante que no sabe escuchar".

Podría mencionar muchas otras cualidades y defectos, pero estoy seguro de que no son necesarias. Con lo que acabo de enumerar, si no sabías quién es Barack Obama, ya te habrás formado una buena idea y habrás entendido que, si bien coincide con muchas personas en algunos ítems, el conjunto lo convierte en alguien único.

Por ejemplo, muchas personas nacieron en Hawái, muchas estudiaron en Columbia o en Harvard, muchas llegaron al Senado de los Estados Unidos, pero solo Barack Obama transitó ese camino y luego terminó en la Casa Blanca como presidente. Asimismo, fue el único mandatario que se atrevió a dejar atrás el embargo económico impuesto a Cuba y restableció los vínculos.

Imagina que se trata de un rompecabezas: cada ficha cuenta y es necesaria, tanto en lo personal como en lo profesional. La marca personal se construye a cada paso que das, con tus éxitos y tus fracasos, tus logros y tus frustraciones, pero también con sus acciones y decisiones, con ese estilo personal que le imprimes a tus actos y que te distinguen claramente.

Como chef de tu restaurante, por ejemplo, hay detalles que nos permiten descubrir tu marca personal: la carta es una de ellas, en virtud de los platos que allí incluyes, del campo en el que te especializaste. También, el rigor y el detalle que les imprimes a tus preparaciones, lo creativos que son tus platos y hasta el tamaño de las porciones. La sumatoria dibuja un perfil que es único.

Como ves, la marca personal no es algo que dices "voy a construirla y ya", porque así no funciona. De hecho, es algo que nunca terminas de construir, porque cada día puedes agregar algo nuevo o quitar algo (cambiarlo). Surge de un proceso de autoconocimiento profundo, de identificar tus fortalezas y debilidades, de saber cuál es tu propósito en la vida, tus pasiones, lo que te mueve.

La base para construir una marca personal poderosa es ser tal y como eres, auténtico. A algunos les gustará y a otros, no. No puedes cometer el error de querer complacer a todos, no vale fingir. Si caes en esa tentación, dejas de ser tú y tu marca personal pierde poder. Si sabes quién eres y qué quieres, será más fácil crear tu marca personal.

El poder de la marca personal radica en el constante aprendizaje. Si te estancas, si dejas de crecer, de aprender, tu marca pierde impacto. Debes profundizar en los campos en los que ya eres experto y explorar unos nuevos que te permitan desarrollar habilidades que te complementen, que te hagan más fuerte y te permitan subsanar tus debilidades.

Como habrás notado, este tema de la marca personal está estrechamente relacionado con lo que vimos anteriormente sobre la propuesta única de valor. Son ingredientes complementarios, que se necesitan y dependen el uno del otro.

La marca personal consiste, en suma, en ese valor que te hace único y especial, en la forma en que te comunicas con otros, en el estilo de los mensajes que entregas, en los canales a través de los cuales los comunicas. También en tu entorno; es decir, en las personas con las que te relacionas, las actividades que realizas, las metas que persigues, los beneficios que le ofreces al mundo.

Además, es un concepto único. No es que tú tengas una marca personal laboral, otra para las relaciones, otra para el ocio y así sucesivamente. Tu marca personal es una sola y aplica por igual en todos los ámbitos de tu vida. Por eso, aprender a identificarla y a gestionarla adecuadamente es una tarea que todos debemos llevar a cabo.

Desde hace un tiempo, por ejemplo, las empresas implementaron una estrategia destinada a conocer la verdadera cara de los candidatos a formar parte de sus organizaciones: investigan en las redes sociales de esa persona, revisan sus publicaciones, miran a quién sigue, a qué dedica su tiempo libre, descubren cuál es su comportamiento digital.

Algunas personas podrán pensar que esa es su vida privada, pero no es así. En el tema de la marca personal no hay una vida privada y una vida pública: hay una vida, a secas. Todo lo que hagamos en cualquier ámbito suma o resta.

Tu marca personal eres tú como persona, con lo bueno y lo malo, con defectos y virtudes, fortalezas y debilidades. Son esos factores los que te hacen único y poderoso, valioso y elegible. La marca personal es todo cuando comunicas al mundo a través de cualquier canal, en cualquier ámbito, en cualquier tipo de lenguaje. Lo que comunicas y lo que otros perciben.

Una consideración adicional: tu marca personal se construye, se manifiesta y se comunica tanto en el ámbito *offline* (físico) como en el *online* (digital). No es que tengas dos personalidades, sino que debe haber coherencia entre estos dos mundos.

Entre los canales digitales, para comunicar tu marca personal están las redes sociales, la página web, el blog personal y cualquier otro medio dentro de internet. Las interacciones que tienes en la red, los comentarios que haces, los *like* que das y a quién se los das, las fotos que publicas y las personas a las que sigues son mensajes poderosos que comunican tu marca personal.

Los canales *offline* más comunes son las relaciones que estableces, los eventos a los que asistes, tu imagen y cuidado personal, la comunicación verbal y no verbal, las actividades que realizas en tiempo de ocio. También la ropa que vistes, los accesorios que usas (como el reloj, por ejemplo), la forma en que reaccionas en diferentes situaciones, cómo tratas a los demás.

Para establecer tu marca personal, debes tener claramente definidos cuáles son tus atributos, los beneficios que ofreces, tus diferenciales, tus características, tus limitaciones y tus problemas. También a quién te diriges, qué mensajes comunicas, de qué forma lo haces y cómo ese conjunto te va a convertir en algo único, en la mejor elección para otras personas.

Las siguientes preguntas te ayudará a determinar cuál es tu marca personal:

1. ¿Quién soy? ¿Qué me gusta? ¿Qué me hace feliz? ¿Qué vida quiero construir?
2. ¿Qué hago fácilmente, de manera natural? ¿En qué me destaco y soy sobresaliente?
3. ¿En qué actividades no me siento bien ni cómodo?
4. ¿De qué manera mis talentos únicos me sirven para ayudar a otras personas?
5. ¿Qué valor único le aporto con mi personalidad y forma de ser a la actividad que realizo?

6. ¿Cuáles son esas personas a las que puedo ayudar con lo que soy, lo que sé y lo que hago?
7. ¿Qué problemas específicos de otras personas puedo solucionar?
8. ¿Cuáles son los beneficios específicos y únicos que les aporto a otros, a la sociedad?
9. ¿Cuál es el legado que me gustaría dejar el día que me vaya de este mundo?
10. ¿Cómo quiero que me recuerden el día de mañana?

¿Para qué sirve la marca personal?

Hay quienes se preguntan si pueden prescindir de la marca personal. Pero ella es esencial hoy en el ámbito laboral y en los negocios. Sin ella eres uno más, no puedes ser distinto, visible y elegible.

El principal beneficio de contar con una marca personal es que te permite conocerte, saber cuáles son tus fortalezas, tus debilidades, tus gustos, tus pasiones o tus miedos. Con esta información, que es muy valiosa, puedes establecer los objetivos de tu vida, de tu trabajo, de tu negocio y determinar el plan de acción que vas a seguir en tu restaurante para conseguirlos.

A veces, por necesidad o simplemente porque no sabemos en realidad quiénes somos, nos involucramos en alguna actividad o en un entorno que luego se convierte en algo tóxico. Esa es una virtud de la marca personal: entender que no somos para todo, que no podemos complacerlos a todos, que algunos nos odiarán.

Por ejemplo, si eres un chef, llegará el momento en que tendrás que decidir en qué tipo de comida te vas a especializar, porque no puedes preparar de todo. Esta información, además, te permitirá establecer cuál es el tipo de clientes a los que quieres servir en tu restaurante, porque hay segmentos del mercado muy distintos, con gustos muy variados.

Una marca personal claramente definida es, además, una inyección de vitaminas para tu confianza. Cuando sabes quién eres y cuál es tu valor en este mundo, cuando eres consciente de lo que puedes aportarles a otros, te empoderas, crees en ti, en tus dones y talentos, en tus habilidades y en tu capacidad. Este es un poderoso diferencial.

Cuando tu nivel de confianza es sólido, percibes la cantidad de herramientas y recursos que posees para cumplir con las metas que te propones. Creer que puedes, que tienes cómo y con qué hacerlo, es el primer paso para avanzar, dejar atrás tus miedos y separarte del resto.

Un tercer beneficio de la marca personal es que, basado en el autoconocimiento y en la confianza, puedes tomar mejores decisiones en todos los ámbitos de tu vida. Tomar decisiones acertadas no solo se manifiesta en tranquilidad y bienestar, sino que te permite asumir el control de tu vida y ser una opción, elegible, destacable, memorable, ¡la mejor elección!

¿Y el *branding* corporativo?

¿Por qué los clientes eligen una marca y desechan al resto? ¿Por qué una persona elige comer en tu restaurante y no en cualquier otro? La respuesta a estas preguntas es la clave del éxito de un negocio, de tu restaurante. Podrías decirme que por la calidad del producto, por el precio, por los beneficios que recibe, porque es mejor que la competencia. O porque las personas perciben que lo que ofreces es la mejor solución al problema que los aqueja.

Quizás todo eso sea cierto, pero no son las respuestas adecuadas. La respuesta es aquello de lo que hablamos anteriormente: la propuesta única de valor (PUV). Es aquello que te hace diferente, único, visible, reconocible y elegible, y que le transmite al mercado el mensaje que tú tienes o que eres la solución ideal que transformará para bien la vida de tu cliente.

La condición de única, lo sabemos, consiste en que es distinta y mejor que lo que ofrece tu competencia por los beneficios que aporta por los resultados que brinda. Si tu marca, tu negocio, es percibida de esta forma, no tendrás que preocuparte por las ventas: serán la consecuencia lógica.

La condición de transformar la realidad de tu cliente implica acabar con el dolor que lo aqueja, no solo físico, sino también emocional. En el caso de un restaurante, por ejemplo, se da cuando puedes saciar ese deseo irreprimible de tu cliente por un plato específico, por una cálida atención, por la música, por los aromas, por un ambiente en el que vive experiencias inolvidables.

Esa PUV debe estar orientada a un nicho específico, a una categoría de clientes claramente definida. No es comida para cualquiera, sino un plato para deleitar los sentidos, para detener el frenético ritmo de la rutina y compartir un rato agradable con alguien especial. Si no conoces a tu cliente ideal, tu PUV será letra muerta.

Recuerda que si tu restaurante no tiene una propuesta única de valor, tus clientes no podrán saber si eres la mejor opción para ellos. Tus mensajes se diluirán en el aire, tus campañas no tendrán impacto y las mesas de tu salón estarán irremediablemente vacías.

Si no puedes aportar valor y transmitirlo adecuadamente al mercado, no estás preparado para competir. Es lo que vimos desde que se inició la pandemia, con restaurantes muy buenos que, a puertas cerradas, no fueron capaces de atender las necesidades de sus clientes y se volvieron invisibles.

¿Cómo podrían haberlo evitado y seguir vendiendo a puertas cerradas y con sus clientes confinados en casa? Tendrían que haber sido una marca reconocible, con personalidad, con beneficios claramente establecidos, con un mensaje comunicado al mercado adecuado a través de los medios adecuados. Sin embargo, eran negocios que no cumplían con esta premisa.

Como en el caso de la marca personal, el *branding* corporativo no es un producto específico, no es un logotipo, una imagen, un sitio web o una página corporativa en redes sociales, no es un nombre. Se trata de una estrategia de marketing destinada a posicionar tu negocio, tus valores y tu propuesta única de valor en la mente y el corazón de tus clientes.

Hagamos un ejercicio sencillo, pero muy ilustrador. A continuación, te menciono algunos conceptos generales y tú anotas en un papel la marca que tu mente asoció de inmediato a ellos. No lo pienses demasiado, hazle caso a tu intuición, a la información que tienes grabada en tu mente. Ten en cuenta que no hay respuestas acertadas o erradas.

1. Innovación
2. Bebida refrescante
3. Auto de lujo
4. Ropa deportiva
5. Comida rápida

Ahora veamos algunas marcas que están asociadas a esos conceptos, tal vez alguna de ellas se vino a tu mente de manera automática:

1. Apple, Google, Amazon
2. Coca Cola, Pepsi, Gatorade
3. Ferrari, BMW, Mercedes Benz
4. Nike, Adidas, Diadora

5. McDonald's, Burger King, Domino's Pizza

Parece un juego, pero no lo es. Se trata de un concepto de marketing que muchas marcas desprecian y luego lo pagan caro. Si tu marca no es la que está posicionada en la mente de tu cliente, cuando tenga ganas de comer fuera es probable que elija a la competencia.

Cuando una persona quiere un buen plato de pasta a la hora del almuerzo y busca en Google, encontrará cientos de respuestas. ¿Por qué debería elegirte a ti y no a otro? La respuesta es sencilla y contundente: solo te elegirá si el nombre de tu restaurante y la experiencia que vivió allí son lo primero que se le viene a la mente. Ya no pensará "Tengo hambre y quiero un buen plato de pasta", sino más bien "Tengo hambre y me muero de ganas de unos macarrones con queso donde Rodrigo".

Es la diferencia entre "me da lo mismo cualquiera con tal de saciar el hambre" y "quiero ir a donde Rodrigo y comer sus macarrones con queso". Así funciona la mente de tu cliente y ahí radica la importancia de desarrollar un sólido concepto de marca, tanto personal como corporativa.

Estas son las cinco razones por las cuales, si todavía no lo has hecho, debes empezar a trabajar en la creación de tu marca personal y corporativa:

1. Creas vínculos emocionales. Como sabemos, son las emociones, la calidad de la experiencia que les brindamos a nuestros clientes, las que determinan la decisión de compra. Si tu marca conecta con sus principios y valores, con sus creencias y con su propósito, es muy probable que esté grabada en su mente.

2. Promueves la asociación de ideas. Como lo vimos en el

pequeño ejercicio que te propuse con anterioridad, aunque la mente dispone de amplia y variada información, por lo general elige el camino más fácil, el más corto, y recuerda el nombre de esa marca que sabe que le gusta tanto. Muchas personas, cuando tienen sed, no piden una bebida o un refresco, sino "una Coca-Cola".

3. Haces la diferencia. Cuando una marca ya está grabada en tu mente, no tienes hambre, sino un antojo, ganas de consumir un plato especial. Ya no quieres almorzar, sino un filete de res encebollado y acompañado de papas al vapor o salmón ahumado del restaurante de Rodrigo. Una marca sólida es la mejor elección, rápida e inconsciente.

4. Enfocas los objetivos. Los tiempos cambian, los clientes cambian y también cambian los hábitos y el comportamiento de los clientes. Si tu marca no está claramente definida, si no sabes cuál es tu valor en el mercado, por qué te eligen, corres el riesgo de apuntar a mercados en los que tu mensaje no será escuchado.

5. Respaldas tus acciones de marketing. Este es un beneficio muy valioso, porque se traduce en ahorro de dinero, recursos y herramientas o, en su defecto, en su desperdicio. Una marca sólida es como un GPS: te guía por la ruta correcta, evita que te desvíes y te ayuda a alcanzar los objetivos propuestos; entre ellos, vender más.

Veamos ahora cuáles son los siete elementos imprescindibles de una estrategia de *branding* corporativo exitosa:

1. Un propósito claro. ¿Cómo determinarlo? Respondiendo a las preguntas ¿por qué hago lo que hago?, ¿para quién lo hago?, ¿cómo lo hago? Se trata de definir cuál es la promesa que le haces al mercado, pero también cómo la vas a cumplir y qué beneficios va a recibir tu cliente. El propósito es lo que

te distingue de la competencia.

2. Acciones coherentes. Se oye y se dice fácil, pero muchos restaurantes no logran cumplirlo. Coherencia es saber cuáles son tus valores y principios, tu especialidad, y enfocarlos en esas personas que están alineadas con ellos, con las que comparten tu gusto por esa comida. No entres en terrenos que no son los tuyos.

3. Despierta emociones. Son la puerta de entrada al corazón de tus clientes, el lugar desde donde se toman las decisiones de compra. Cuando tocas esas fibras sensibles, cuando despiertas en tu cliente ese deseo frecuente de consumir lo que le ofreces y lo regocijas con una experiencia agradable, ¡ya lo atrapaste!

4. Sé flexible al cambio. Ya no hay clientes para toda la vida, el mercado se rige por una sola regla: cambia, todo cambia. Si tu restaurante no puede adaptarse a los cambios, está condenado a desaparecer o a perder una buena cantidad de clientes. Cambia sin renunciar a tu esencia.

5. Involucra a tus empleados. La mayoría de los restaurantes pasa esto por alto. Recuerda que tus empleados son los embajadores de tu marca, tus primeros vendedores. Sin sentido de pertenencia, sin conexión con el propósito ni alineación con los objetivos, no pueden respaldarte ni brindar una buena experiencia al cliente.

6. Cultiva la lealtad. La lealtad de marca, como el amor de tu pareja, debe ser cultivada cada día, cada vez que tu cliente te visita. No lo menosprecies, no te creas indispensable en su vida. Más bien, enfócate en reforzar ese sentimiento de lealtad, prémialo, consiéntelo, hazle sentir que es importante para ti y para tu negocio. La lealtad se traduce en ventas y en mejores clientes.

7. Valora a tu competencia. Aunque seas el mejor, aunque te reconozcan, no peques de soberbia. Aprecia a tu competencia, considérala un estímulo para ser mejor y conócela bien para identificar sus fortalezas y poder aprender de ellas. Esto te permitirá mantener tu esencia, resaltar lo que te hace único y la mejor elección del mercado.

¿Ahora entiendes la importancia de tener una marca personal poderosa y un *branding* corporativo sólido? Las marcas capaces de construir estos conceptos no son solo las más visibles y recordadas, sino también las que más venden y las que generan mayor confianza y credibilidad en un mercado lleno de temores y de malas experiencias.

Volvamos a cómo quieres que te recuerden. El objetivo del marketing hoy no es vender, sino garantizar más y mejores clientes que te compren una y otra vez y que, además, te refieran otros buenos clientes. Este es un objetivo que no conseguirás si no construyes una marca poderosa, inolvidable.

Este tema me apasiona, porque está estrechamente ligado a la razón de ser de tu restaurante: tu cliente. Lo más gratificante para quienes nos dedicamos a los negocios no es qué hacemos, sino por quién lo hacemos, y saber que esos clientes llevan nuestra marca tatuada en el corazón.

Una marca poderosa y bien gestionada se traduce en buena reputación. Y la buena reputación significa mayores ventas, clientes más fieles, experiencias más impactantes. Como marca, tu reputación, lo que dicen tus clientes, el mercado y tu competencia de ti, es tu vida. No basta con construirla, hay que cultivarla y enriquecerla.

Con frecuencia te enfrentarás a las críticas en redes sociales. La mayoría de las veces no tienen un sustento real, pero sí provocan un efecto implacable, capaz de acabar con tu reputación y marca en un dos por tres. Tienes que aprender a lidiar con esto.

En tiempos de redes sociales, es fundamental estar atento a lo que dicen de ti tus clientes, para bien o para mal. Para bien, porque te permite entablar conversaciones, atraer a nuevos clientes y fidelizar a los actuales. Para mal, para evitar que el daño sea irreparable, para proteger ese activo tan valioso que es la marca.

Una práctica aconsejable es escuchar a tu cliente, prestar atención a sus quejas, valorar sus comentarios, agradecer su retroalimentación, tanto en los canales digitales como en el escenario real, tu restaurante. La clave para proteger y cultivar tu marca consiste en ser proactivo, en ir un paso delante de tu cliente.

¿Cómo hacerlo? Aporta valor de tantas formas como sea posible. No se trata solo de la calidad de la experiencia que puedas ofrecer *in situ*, sino también de qué puedes brindar a tu cliente el resto del tiempo, cuando está en su casa, en su oficina, antes de que piense en visitarte. La mejor estrategia es generar contenido, el tema del que hablaremos en el próximo capítulo.

Otra estrategia útil es establecer alianzas estratégicas con empresas afines o complementarias que te permitan ampliar los beneficios que les ofreces a tus clientes. Una opción es el servicio a domicilio, pero también están el *take-away* y otros como el *valet parking*, la guardería para los bebés o algún atractivo para los niños, según el perfil de tu cliente ideal.

La crisis provocada por el coronavirus dejó claro que muchos buenos restaurantes eran marcas débiles. Estaban sostenidos en modelos de negocio caducos, propios del siglo pasado y no habían conseguido posicionarse en la mente de sus clientes.

Este difícil período nos enseñó que las únicas marcas capacitadas para liderar el mercado y superar las dificultades son aquellas que inspiran; es decir, las que pueden hacer realidad la promesa que hay detrás de una propuesta única de valor realmente poderosa.

CAPÍTULO 9
LA EXPERIENCIA Y LA FIDELIZACIÓN
Y DESPUÉS DE LA COMPRA, ¿QUÉ?

Este capítulo está destinado a la experiencia de tu cliente, a aprender cómo hacemos que ese desconocido que ya es un amigo y ese amigo que ya es un cliente, se convierta en un cliente que nos compre más seguido y que, además, nos traiga otros buenos clientes como él. Recuerda que la relación no termina cuando se concreta la venta en tu restaurante.

De hecho, hay expertos que dicen que justo en este momento comienza lo más importante: la fidelización. Poco a poco se va cerrando el círculo. Es el momento de darnos cuenta del valor que encierra el conocimiento adquirido en los capítulos anteriores, cómo cada pieza del rompecabezas va encajando a la perfección.

Ya sabemos que hoy la venta no es el final del proceso, de la relación con tu cliente. Con la irrupción de la tecnología, el consumidor salió de su estado de hibernación y asumió el rol protagónico que le correspondía. Hoy es el centro de lo que hacemos, de cómo lo hacemos, de por qué lo hacemos. Se volvió exigente y lo será aún más en las actuales circunstancias, porque además está preocupado por su salud y no quiere correr riesgo alguno cuando sale a comer fuera.

Con el auge de la digitalización, el cliente es el gran ganador. Sin embargo, no será tarea fácil mantenerlo a nuestro lado a largo plazo si no aplicamos las estrategias de marketing que ya hemos aprendido y si no entendemos que la fidelización es el comienzo de la mejor fase de la relación con nuestro cliente. Es justo cuando se da ese anhelado objetivo del intercambio de beneficios de diversas maneras, cuando él quiere retribuirnos aquello que le entregamos.

Estoy seguro de que una de las experiencias más significativas que has vivido en tu restaurante es cuando alguno de tus clientes te expresa su gratitud, cuando te dice que allí se siente como en casa, cuando aparece acompañado de amigos que se van a convertir en nuevos clientes. Esa es la mayor recompensa que podemos recibir quienes ofrecemos algún producto al mercado.

Este es el momento para tomar una decisión crucial, que determinará el futuro de tu restaurante: es hora de cambiar el chip. Te lo digo con conocimiento de causa, porque hace más de veinte años, cuando ingresé al ilimitado universo de internet, me invadió el pánico. Sin embargo, gracias a las enseñanzas, a la confianza y al respaldo de mis mentores, logré sacarme las telarañas mentales y cambié el chip. Comencé a aplicar lo que había aprendido y los resultados terminaron de derrumbar mis objeciones. Hoy, como lo sabes, acredito dos récords mundiales de ventas de terrenos y parcelas en internet.

Es el poder del marketing digital, de sus herramientas y recursos, de sus estrategias. Es lo que quiero para ti. No esperes a espantar todos tus miedos para empezar. Ellos son buena compañía mientras cumples tus sueños.

La experiencia del cliente es la clave

Una de las realidades más dolorosas a las que se enfrentan los dueños de restaurantes es que los clientes se pierden cada vez más por mal servicio antes que por el precio o la calidad del producto que ofrecen. Lo ocurrido durante la reciente crisis es clara muestra de ello.

¿Cuáles fueron los restaurantes más perjudicados? Aquellos que no fueron capaces de atender las necesidades de sus clientes, los que carecían de canales efectivos para dar una respuesta a sus inquietudes.

¿Cuáles fueron los restaurantes más beneficiados en la crisis? Aquellos que ya habían dado el paso hacia la transformación digital y contaban con efectivos canales digitales, aptos para atender a sus clientes y satisfacer sus necesidades. Y también pudieron captar nuevos clientes, esos que llegaban desesperados tras vivir una experiencia negativa.

Veamos primero qué se entiende por experiencia en este contexto: "La experiencia del cliente es cualquier contacto que tiene tu cliente con tu marca, con tu negocio".

Se hace fácil en la teoría, pero es bastante difícil en la práctica. De hecho, la experiencia del cliente es hoy el quebradero de cabeza de muchos restaurantes en el mundo. Antes se pensaba que era lo que sucedía en el salón de tu local y dependía en gran medida de la labor que cumpliera el garzón de turno. Además, el concepto de la atención se enfocaba exclusivamente en el producto.

La irrupción de internet, las poderosas herramientas que nos brinda la tecnología y el cambio de mentalidad de los consumidores enterraron ese modelo. Ahora la atención que le ofreces en los canales digitales, en el *call-center*, en el *delivery*, en el *take-away* o en la atención del estacionamiento es tan importante como la que el comensal recibe en el salón de tu restaurante.

La experiencia del cliente es cualquier interacción que esa persona realiza con tu marca, con tu negocio. Tanto en el ámbito físico como en el digital. Tanto si compra como si solo está averiguando qué ofreces. La compra dependerá del resultado de esa experiencia, de la calidad de la atención que reciba, de si es escuchado, de si se lo hace sentir valorado.

Según una investigación de la consultora New Voice Media, el 75% de las empresas estadounidenses pierde a sus clientes por mal servicio, por las experiencias negativas cuando entran en contacto con las marcas.

La calidad de la experiencia se mide por los pequeños detalles. Cuando pierdes un cliente, quizás fue porque se cansó de esperar a que el garzón le tomara la orden o el producto que llegó a su mesa no correspondía a lo que pidió. Tal vez su auto sufrió un golpe en el estacionamiento y nadie le dio una respuesta satisfactoria o intentó realizar un pedido a domicilio y del otro lado de la línea lo atendió un frío robot digital. O cuando el pedido llegó a su casa tenía mala presentación y estaba frío. ¡Pequeños grandes detalles!

La calidad de la experiencia es crucial en cualquier tipo de negocio, pero cobra mayor importancia en un ámbito como la gastronomía, donde esa experiencia está atada a las emociones, al placer, al tiempo libre.

Por otra parte, muchos restaurantes no diferencian entre la experiencia del cliente y el servicio al cliente. El servicio al cliente es el asesoramiento y la asistencia prestados por una empresa a los clientes antes, durante y después de comprar o utilizar sus productos o servicios. Es una estrategia que se usa para aumentar la satisfacción del cliente y la lealtad, para crear relaciones duraderas. Suele ser la principal fuente de molestias para ambas partes.

En el caso de un restaurante, uno de los problemas es que el servicio al cliente se deja en manos del garzón. Si él falla, ese cliente se pierde y carga con esa responsabilidad, pero no debería ser así. ¿Por qué? Porque el buen servicio al cliente es un trabajo de equipo.

Desde el encargado del estacionamiento hasta el portero, el garzón, el maître, el personal de la cocina (aunque no tenga contacto directo con el cliente), el administrador y tú, como propietario, son responsables del servicio al cliente. Y también la persona que tramita la cuenta, la que atiende una solicitud telefónica o la que entrega el *delivery*.

Es un rompecabezas: cada pieza tiene una función específica, es necesaria y, si falta, ya no es posible armar la figura completa. El servicio al cliente, si falla, es la principal razón por la cual un negocio pierde un cliente.

La experiencia del cliente, en tanto, es la suma de todas las interacciones que un cliente tiene con una empresa, sus productos y/o servicios. No está relacionado estrictamente con la compra, sino con el viaje que esa persona realiza a lo largo de su relación. Los expertos definen la experiencia como "la forma en que los clientes perciben sus interacciones con una empresa".

"Al final del día, la gente no recordará lo que dijiste o hiciste, recordarán cómo los hiciste sentir", señala Maya Angelou, famosa escritora, cantante y activista de los derechos civiles en Estados Unidos. Esto es especialmente importante hoy, pues los clientes son más inteligentes y están más y mejor informados.

La experiencia del cliente no es una experiencia única, sino la suma de varias y variadas experiencias tanto antes como después de la venta. En el caso de un restaurante, por ejemplo, es que el baño esté limpio, que la cuenta corresponda a lo que esa persona consumió, que la orden no se demore de más sin un motivo, que el garzón esté presto a atenderlo en cualquier momento.

En mi larga relación con los restaurantes en muchos países, una de las experiencias más molestas fue llegar a un lugar en el que esperabas pasar un rato agradable con tu pareja y no pudiste, porque el volumen de la música era excesivo. No se podía conversar, parecía una discoteca.

Otra experiencia que suele ser traumática es llegar a un restaurante, darse cuenta de que su reserva no había sido tramitada y no había mesas libres.

Cabe destacar que el servicio al cliente no es más importante que la experiencia del cliente, son igualmente importantes, aunque esta última tiene mayor peso si piensas no volver más a ese lugar. Puedes soportar un mal servicio, pero vivir una experiencia negativa es demasiado.

De acuerdo con la consultora estadounidense The Harris Poll, experta en investigación de mercados, para el 81% de los consumidores es frustrante esperar la ayuda del servicio al cliente. O comunicarte con una empresa para realizar un reclamo o buscar una información y tener que lidiar con un robot que la mayoría de las veces no te brinda una respuesta adecuada.

La consultora nos brinda otro dato espeluznante: mientras el 80% de los negocios cree que proporciona un servicio al cliente extraordinario, solo el 8% de sus clientes está conforme. Sin embargo, el servicio al cliente ya no es tan determinante para valorar la experiencia vivida en ese lugar, en la interacción con esa empresa específica.

El servicio al cliente es solo una parte de la experiencia del cliente, que es algo integral, pues incluye el contacto con los trabajadores del restaurante y otros aspectos como la limpieza, el ambiente, la decoración o la tranquilidad. Lo crucial es que para atraer a ese cliente y mantenerlo, no pueden fallar el servicio ni la experiencia.

En esencia, el servicio al cliente es la interacción reactiva que sostienes con ese cliente, porque es tu respuesta a su requerimiento. Solo actúas cuando te pide ayuda o expresa una necesidad. La experiencia del cliente, en cambio, es proactiva: debes ir un paso delante de él, anticipar sus deseos, sus necesidades, sus gustos, y satisfacerlos.

Los estudios realizados en Estados Unidos han concluido que las empresas que fueron capaces de ofrecerles a sus clientes un viaje placentero, es decir, una experiencia del cliente positiva, agradable y constructiva, incrementaron sus ventas hasta en un 25%. Nada despreciable, ¿cierto?

Veamos algunos ejemplos simples de servicio al cliente:
1. Qué tan amable es el personal que atiende las mesas y qué tan rápido recibe el cliente su pedido.
2. Con qué celeridad y efectividad el personal puede resolver una inquietud relacionada, por ejemplo, con la cepa de un vino o cuál es mejor para acompañar su pedido.
3. Qué tan rápido se resuelve una inquietud como un menú infantil o que su celular se quedó sin batería y no trajo consigo su cargador o necesita conexión a internet vía wifi.

Ahora, veamos algunos ejemplos de experiencia del cliente:
1. La limpieza del restaurante, el sabor y la calidad de la comida, la variedad de opciones del menú, el ambiente, los

precios y cómo se siente esa persona cuando come allí.
2. La facilidad para navegar en la página web del restaurante, qué tan intuitiva es y la disponibilidad de los productos, la variedad de opciones disponibles y la velocidad de pago.
3. El día de su cumpleaños le envías a tu cliente un mensaje vía WhatsApp o un correo electrónico felicitándolo y le cuentas que, en su próxima visita, habrá un regalo para él.

El servicio al cliente consiste en ayudarlo y satisfacer sus necesidades en persona o de manera remota. Asimismo, contribuye a dar forma a la experiencia general del cliente, pero no la define completamente. Esta incluye la percepción que tiene un comensal de tu restaurante y representa el balance final del proceso.

El viaje de la experiencia del cliente

En pleno siglo XXI, una de las razones por las cuales muchos restaurantes pierden sus clientes es que desconocen cuáles son las necesidades de esas personas. Ese problema surge a raíz de una mala o imprecisa formulación del cliente ideal o, peor aún, de que tus estrategias de marketing están diseñadas en función de tus intereses y no de los de tu cliente.

Recuerda que hoy ya no se trata de vender, sino de servir, de satisfacer necesidades, de solucionar problemas específicos de esa persona.

Para poder ofrecer una experiencia del cliente satisfactoria, enriquecedora, inolvidable, que lo lleve a elegirte una y otra vez y que, además, te refiera a sus familiares y amigos, debes saber en qué consiste el viaje de la experiencia del cliente. Ya no es una simple transacción, sino un proceso, una serie de interacciones a través de canales diversos, digitales y físicos.

El resultado de una buena experiencia del cliente es que esté dispuesto a pagar un poco más por el producto o servicio que le ofrecen, en virtud de ese viaje que realiza a través de las distintas interacciones con tu restaurante. El proceso incluye diversas etapas: investigación, validación, comparación y decisión de comprar.

Estas son las fases del viaje de la experiencia del cliente:
1. Captar la atención. El objetivo es ser visible para ese cliente potencial que busca en internet o que pregunta a sus familiares o amigos si conocen un restaurante que pueda satisfacer un deseo o una necesidad apremiante. Si no estás en el radar de tus clientes potenciales, no podrás llamar su atención y, por ende, no podrás comenzar una relación.

2. La consideración. En esta fase, el usuario evalúa cuál es la mejor opción. Compara características, precio y, en especial, los beneficios que puede obtener. Consulta redes sociales para leer comentarios de otros usuarios, mira tu web para ver qué dicen tus clientes y se llena de argumentos para decidir.

3. La decisión. Después de sopesar la información recolectada, elige la opción que cree que le conviene más. En este punto, todas sus objeciones fueron derribadas y confía en que contigo vivirá una experiencia satisfactoria. Es una fase en la que se profundiza la investigación, porque no quiere equivocarse.

4. La compra. Lo fundamental es que este paso le brinde justo lo que imaginaba o algo mejor. Que se resuelva cualquier duda de última hora, que la experiencia sea satisfactoria y quiera repetirla. En este punto, las emociones son cruciales: que se sienta bien con lo que obtiene, que la experiencia le deje un recuerdo gratificante en su mente.

5. La fidelización. La clave para que un cliente quiera regresar a tu restaurante es que la experiencia que vivió sea satisfactoria. En otras palabras, que sienta que es importante para ti, que agradeces que te haya elegido, que estés dispuesto a darle algo más de lo estrictamente necesario (y lo hagas). Y, por supuesto, que el resultado de las próximas experiencias sea igual de positivo.

A lo largo de este viaje, tienes que garantizar el éxito de lo que el empresario sueco Jan Carlzon definió como "los momentos de la verdad". Según él, se trata de cortas interacciones, de no más de 15 segundos de duración, entre tu restaurante y tu cliente potencial. De la sumatoria de esos momentos se va forjando una idea sobre tu producto o servicio, una percepción.

Esos momentos de la verdad no se reducen a un contacto con tu personal, también es la interacción con la infraestructura, con el ambiente, con la tranquilidad, con la seguridad, con la limpieza del lugar. Si descuidas esos momentos de la verdad, no podrás ofrecer una buena experiencia del cliente.

Estos momentos de la verdad no solo construyen la percepción que se forjará esa persona de tu restaurante, sino que serán determinantes para conseguir su lealtad. Dado que se trata de interacciones muy cortas, es imprescindible que todos los integrantes de tu equipo estén capacitadas para ofrecer la respuesta adecuada.

Estos son algunos ejemplos de momentos de la verdad, según Carlzon:
1. Presencia y atención del personal
2. Limpieza, orden y exhibición
3. Fachada e iluminación
4. Promociones
5. Atención a quejas y reclamos
6. Envíos a domicilio

Como ves, no se trata solo de vender, sino de servir mejor. Los momentos de la verdad son, en esencia, un programa de gestión de calidad integral de tu restaurante para satisfacer las necesidades de tu cliente.

¿Cómo construir una buena experiencia del cliente?

Pregúntate primero: ¿cuánto le costaría a tu establecimiento no construir una buena experiencia del cliente? Según un estudio de la consultora Forrester Research, hay consumidores que están dispuestos a pagar mucho más por un excepcional servicio y una mejora de la experiencia del cliente ha redundado en incrementos de facturación de dos dígitos.

Mejor servicio, mejor experiencia, mayores ganancias. Esa es la nueva ecuación sobre la que debe girar el modelo de negocios de tu restaurante. Forrester define la experiencia del cliente en tres niveles: primero, resolver lo básico; segundo, crear valor; tercero, sorprender a esa persona. De eso hemos venido hablando a lo largo de estos capítulos.

La experiencia del cliente comienza mucho antes de que entre a tu restaurante y continúa después de que sale de allí. En la era digital, el consumidor investiga en internet, consulta comentarios, compara precios, mira el escalafón de los especialistas y hasta genera una pequeña interacción solo para ver qué respuesta recibe.

Si las respuestas son las que él espera, si recibe un trato que lo haga sentir importante, si se da cuenta de que para ese restaurante no es un número más, es un buen comienzo. Pero hay un momento crucial de esa experiencia: cuando ya regresó a su casa, se conecta a internet y quiere contarle al mundo cómo le fue en tu local.

Su calificación será referencia para nuevos potenciales clientes en el futuro y dependerá de las emociones que haya experimentado mientras estuvo en tu restaurante. Fíjate en cómo es el actual escenario: media hora o una hora después de que salió de tu salón, en la comodidad de su casa comparte un comentario o una foto en redes sociales.

Veamos otra pregunta importante: ¿qué busca un cliente hoy cuando va a un restaurante? Si no conoces la respuesta, significa que no lo conoces bien o que todavía no diseñaste una experiencia que te permita enamorarlo y fidelizarlo.

Una experiencia del cliente está compuesta por tres aspectos: el servicio, el producto (calidad, precio) y la ambientación. La clave está, primero, en que tengas una estrategia propia que responda a tus valores y principios, a la forma en que tú sientes la pasión por la gastronomía; segundo, que puedas crear un sistema que funcione solo.

En cuanto al servicio, la clave está en las personas que lo brindan. El éxito de su gestión se inicia en la capacitación, en revisar y evaluar constantemente lo que se vive en el día a día y en corregir lo que pueda estar mal. Si quieres brindar un buen servicio, requieres buenas personas que estén bien capacitadas y que puedan interpretar tu mensaje.

Son siete los aspectos que debes cuidar en relación con tu personal: la selección, la formación, la comunicación (debe ser fluida, abierta, honesta y de doble vía), el trabajo en equipo (que cada uno sepa cuál es su rol y la importancia de este), motivación (reconocimiento y estímulo constante), clima laboral (buen trato) y liderazgo. Si alguno falla, el sistema no sirve y no brindará resultados.

El primer minuto del cliente en tu restaurante es crucial para la experiencia: la calidez del saludo y la atención que se le brinda mientras se ubica en una mesa. Si ese comienzo es satisfactorio, esa persona bajará la guardia y se dispondrá a disfrutar de la velada. Luego viene el resto, que debe ser coherente, planificado y bien ejecutado.

En relación con el producto, es muy importante, aunque otros factores han cobrado relevancia. La calidad de los ingredientes, su presentación y la capacidad para sorprender a tu cliente con recetas originales son la norma. Tu personal, por supuesto, debe conocerlos muy bien y poder responder cualquier inquietud al respecto.

El tercer elemento clave de la experiencia del cliente es el ambiente. Va de la mano con la comida. Aunque sea de modo inconsciente, tu cliente se fija en la decoración, el mobiliario, la vajilla, la música, los uniformes, la iluminación, los espacios y la carta menú. Si algo falla, la experiencia ya no es completa y ese aspecto disonante será un palo en la rueda.

Para el cliente, el salón de tu restaurante es como su segunda casa. Llega allí con la intención de vivir una experiencia gratificante que haga que ese tiempo haya valido la pena y le dé argumentos para volver. Por eso, no puedes descuidar ningún aspecto.

En cuanto a la ambientación, hay dos factores determinantes: la iluminación y la música. Como te comenté, es muy desagradable la música estridente o con volumen exagerado. Lo mismo sucede con las luces: no pueden estar demasiado bajas ni muy fuertes, porque despiertan emociones negativas.

Por supuesto, esta experiencia del cliente tiene que replicarse en el ámbito digital, en los canales a través de los cuales interactúes con tus clientes. Respuestas rápidas y certeras, atención personalizada y humana (nada de robots en este punto), efectivo propósito de enmienda si es el caso, adecuada logística para el servicio a domicilio, entre otros.

Por más que una persona sea un cliente asiduo de tu

restaurante, no siempre dispone del tiempo para ir hasta allá. Debes estar preparado, tienes que diseñar un sistema que te permita brindarle una experiencia satisfactoria en el entorno digital.

En esencia, para poder construir una buena experiencia del cliente, debes conocer con exactitud qué actividades realiza esa persona antes, durante y después de la interacción con tu restaurante, tanto en el escenario físico como en el ámbito digital. La clave para establecer esas actividades está en ponerte en su lugar, en usar la empatía.

Debes identificarlas claramente y detallarlas de manera cronológica, para trazar un mapa que te permita hacer un seguimiento. Por supuesto, este paso a paso significa que habrá nuevos puntos de contacto y de interacción que también debes establecer. Una vez tengas diseñado este camino de tu cliente y sepas cuáles serán las escalas en ese viaje, ya puedes pensar en el plan.

El siguiente paso es determinar cuáles son las herramientas que vamos a usar para conseguir que el resultado de esas actividades, de esos puntos de interacción con nuestro cliente, sean justo lo que él desea. Aquí entran en juego las estrategias de comunicación, el marketing de contenidos del que ya hablamos profusamente.

¿Qué mensajes vamos a emitir? ¿En cuáles canales? ¿Cómo nos vamos a dirigir a nuestro cliente a través de internet? ¿Y cómo cuando vaya al salón del restaurante? ¿Cuáles serán los mensajes de bienvenida y de despedida? Debes definir y detallar estas y muchas otras actividades para poder llevarlas a cabo con acierto, para transmitirlas a tus empleados.

El resultado de este proceso debe ser establecer claramente cuáles son las emociones que se van a generar en tu cliente en ese paso a paso, producto de cada interacción con él. Si ya conoces esas emociones, puedes controlarlas y dirigirlas hacia donde te interesa. Recuerda: nada de improvisar. La clave del éxito de la experiencia del cliente es el sistema.

¿A qué me refiero con sistema? A la secuencia programada de procesos destinados a conseguir un resultado específico y que, además, puedas replicar una y otra vez siempre con el mismo resultado. En gastronomía, es difícil encontrar un sistema mejor establecido que el de McDonald's: sus productos son exactamente los mismos, ciento por ciento idénticos, en cualquier lugar del planeta. La idea es que el cliente no extrañe el producto que le gusta, independientemente de dónde lo consuma: que su experiencia siempre sea la misma, y positiva.

El valor de este mapa de la experiencia del cliente es la información que puedes obtener cuando conoces el comportamiento de esa persona, sus gustos, sus hábitos. Así puedes planear una serie de estrategias destinadas a sorprenderlo, a anticiparte a sus deseos, a darle más de lo que él espera. Si aciertas, si despiertas sus emociones, tendrás un cliente por largo tiempo.

Una observación final relacionada con este tema de la experiencia del cliente: está bien que tomes el modelo de otros restaurantes que sean exitosos, pero no cometas el error de replicarlo idénticamente en el tuyo. Copia, pero además adapta, innova, evoluciona, imprímele tu toque, llévalo a la práctica y mide los resultados. Haz todas pruebas necesarias hasta que determines cuál es la que brinda mejores resultados.

La fidelización es una consecuencia

En este punto, tengo dos noticias para ti: una buena y una

mala. Comencemos por la buena: si haces bien la tarea, si diseñas una experiencia del cliente que pueda satisfacer sus necesidades, que conecte con sus emociones, que lo haga valorar el tiempo que está en tu restaurante, esa persona será fiel de tu marca.

La mala noticia es que si no puedes o decides no diseñar una experiencia del cliente en tu restaurante, ocurrirá que tus comensales (que ya no serán clientes) entren y salgan. Si alguno vuelve, considéralo un milagro y agradécelo. La fidelización es la consecuencia de lo que hagas por esa persona a lo largo del proceso de compra (antes, durante y después).

Recuerda que los expertos del marketing han determinado que es 12 veces más barato venderle de nuevo a alguien que ya te compró que adquirir un nuevo cliente. Sin embargo, los negocios, los restaurantes, se obsesionan con la idea de obtener nuevos clientes y se despreocupan de los actuales. Y cuando los pierden, no saben cómo recuperarlos. Pronto se dan cuenta de que el proceso de recuperarlo es costoso e inseguro. Por eso, es imprescindible aprender a fidelizarlos mediante buenas experiencias.

La fidelización de un cliente es parecida a una relación sentimental. Conoces a una persona que te llama la atención e inicias el proceso de descubrirla, de encontrar afinidades, de comprobar que se complementan, de ver que están hechos el uno para el otro. Un proceso en el que las emociones juegan un papel fundamental.

Entonces eres detallista, llamas a esa persona para que se dé cuenta de tu interés, le envías mensajes y la invitas a compartir tiempo contigo. Cuando están juntos, procuras conocerla mejor, descubrir cómo conectar con ella de forma poderosa para poder establecer una relación a largo plazo.

Cuando logras establecer esa conexión, te dedicas a cultivarla, a fortalecerla.

Y quizás puedan convertirse en pareja, quizás puedan conformar una familia, quizás puedan ser felices por el resto de su vida. O, por el contrario, puede que se dejen llevar por la rutina y se olvidan de alimentar el vínculo; en ese caso, es probable que la relación se termine.

Si eres casado o has convivido largo tiempo con una pareja, sabes que un beso, una frase de aliento, un "gracias", un "perdóname", un detalle inesperado o simplemente estar ahí cuando esa otra persona te necesita son los componentes de ese sistema que debes poner en práctica para que tu relación funcione.

Guardando las proporciones, con tu cliente es igual o muy parecido. Un día ese desconocido llega a tu negocio y comienzas a trabajar para convertirlo en un amigo. Cuando lo logras, das el siguiente paso: que te compre. Y sigues aportándole valor, sigues enamorándolo para que vuelva una y otra vez y finalmente se convierta en un evangelizador de tu restaurante.

En el mundo actual, el único camino seguro para que un negocio sea rentable es que logre fidelizar a sus clientes. Los negocios son exitosos cuando les venden una y otra vez a sus buenos clientes y estos traen otros buenos clientes.

En marketing, la fidelización consiste en que ese cliente frecuente se transforme en un fan, un seguidor activo de tu marca. Eso implica que hable bien de tu marca sin que haya alguna clase de estímulo o de compensación de por medio, que te refiera con sus amigos, con sus familiares, con sus compañeros de trabajo.

Cuando un buen cliente te trae a otro buen cliente, te ahorras el costo de captar a ese prospecto. En otras palabras, es un buen cliente que te costó cero y que te va a brindar ganancias si logras enamorarlo y lo transformas en un fan, en un evangelizador de tu marca. Es una cadena interminable si sabes cómo hacerlo.

Un aspecto muy importante del proceso de fidelización es que asocien tu marca con una necesidad específica. Es decir, cada vez que esa persona quiera celebrar algo en familia, sostener una reunión de negocios o simplemente disfrutar de una velada agradable con unos amigos, piense en tu restaurante.

Es como cuando tienes sed y pides "una Coca-Cola", como si esta gaseosa fuera la única opción. Es porque esta marca está grabada en nuestra mente, porque la asociamos con la necesidad de bebida refrescante.

Walt Disney fue un genio en el tema de crear experiencias del cliente satisfactorias y encantadoras y sintetizó así el sentido de la fidelización: "Hagas lo que hagas, hazlo tan bien para que vuelvan y además traigan a sus amigos". La fórmula del éxito es la misma que hemos mencionado antes: poner a tu cliente como tu prioridad.

Te comparto una serie de pequeñas acciones que brindan grandes resultados a la hora de enamorar a tus clientes:

1. Todos tus clientes tienen un nombre: Pregúntaselo y trátalo con familiaridad, hazlo sentir importante y apreciado. Llamar a una persona por su nombre es muestra de respeto y una efectiva manifestación de atención personalizada. Sigue el ejemplo de Starbuck's.

2. Wifi gratis, una estrategia que nunca falla: Para la mayoría de las personas, desconectarse de la realidad es difícil. Y nada mejor que ahorrar datos de su plan gracias a una conexión wifi gratuita.

Además, es una excelente opción para obtener sus datos.

3. Sé auténtico y diferente: Si una persona elige tu restaurante, está convencido de que es la mejor opción, cree que es distinto y mejor que el resto. Entonces, preocúpate de satisfacer esa expectativa, no lo decepciones.

4. Premia su fidelidad: A todos nos gustan esas estrategias, los llamados "sobornos éticos"; es decir, las compensaciones que les damos a nuestros clientes por comprarnos una y otra vez, por referirnos a sus amigos. Prémialo, enamóralo...

5. Hazlo sentir importante: Recuerda que no estás haciendo una venta, sino estableciendo una relación de intercambio de beneficios a largo plazo. Entonces, cultiva a esa persona. Por ejemplo, envíale un mensaje de cumpleaños, nútrelo con contenido de valor, invítalo a una degustación. Recuerda que todo es automático, la óptima fidelización la logras con herramientas digitales que veremos más adelante.

6. Sorpréndelo: A todos nos encantan las sorpresas. ¿Qué tal una copa de vino de tu nueva cosecha como cortesía de la casa antes de realizar el pedido? O un regalito para su hijo o un email de agradecimiento al día siguiente de su visita...

7. Un ambiente limpio: Este siempre fue un factor determinante en la experiencia del cliente, pero con el coronavirus cobró mayor importancia. La limpieza de tu restaurante, la higiene y las medidas de seguridad no son una opción, sino una exigencia.

8. Alíate con la tecnología: Los canales digitales están ahí para ayudarnos a satisfacer las necesidades de nuestros clientes, inclusive cuando no salen de casa. ¡Aprovéchalos!

9. El compromiso social: Los clientes eligen las marcas que manifiestan un genuino propósito que se identifique con el suyo, que esté de acuerdo con sus principios y sus valores. Además, que efectivamente ayuden a quienes lo necesitan.

10. Escúchalos, atiéndelos: Recuerda que el marketing del siglo XXI es una conversación, un intercambio de beneficios, una conexión de doble vía. Escucha a tu cliente, atiende sus quejas y acepta sus críticas. Mejor aún: promueve sus comentarios, incentívalos, valóralos.

11. Cuidado con el café: Si el café que ofreces en tu restaurante no es bueno, tus clientes no vuelven. Elige bien la marca, brinda una variedad para todos los gustos y, si puedes, no lo cobres.

12. No compitas, colabora: Al consumidor del siglo XXI no le gustas las rivalidades. Por esencia, es colaborativo y le gusta que sus marcas predilectas también lo sean. Establece alianzas estratégicas con otros restaurantes, vende o promociona productos de otras marcas.

"Los malos clientes se pierden por precio; los buenos, por un mal servicio", afirma David Gómez Gómez, experto en sicología del consumidor y autor de los libros *Bueno, bonito y carito* y *Detalles que enamoran*. El buen marketing consiste en ofrecer experiencias inolvidables para que tu cliente te elija una y otra vez.

Antes de pensar en atraer nuevos clientes, que es uno de los objetivos que persigues con tus estrategias de marketing, preocúpate por tus clientes actuales, por enamorarlos con detalles, por darles infinitas razones para regresar a tu restaurante o para pedir tu comida para comer en casa. Recuerda: "Un cliente satisfecho trae más clientes".

CAPÍTULO 10
LA AUTOMATIZACIÓN Y LAS HERRAMIENTAS
LA MAGIA LA PONES TÚ

"Si yo no voy a manejar las herramientas, ¿qué sentido tiene conocer cuáles son y cómo funcionan?", podrás preguntarte. Yo me lo pregunté. La respuesta es muy sencilla: si tú eres el dueño del restaurante, no tienes que saber cocinar, pero sí es necesario que entiendas la esencia de la cocina.

Si no sabes cómo funciona la cocina, cómo es ese mundo y las personas que están allí, difícilmente podrás gestionar adecuadamente tu establecimiento. De la misma manera, el chef no tiene que ser un empresario experto, pero sí debe conocer lo básico del negocio, de cómo funcionan las finanzas y de cuál es su rol para que el negocio sea lucrativo.

No te dejes intimidar cuando hablemos de tecnología, de herramientas o de automatización. Hay muchos expertos que te podrán dar una mano para la implementación y el seguimiento de las campañas que diseñes y de las estrategias que pongas en marcha. Tú eres el director de la orquesta, pero los que interpretan la música son otros.

Cuando hablamos de transformación digital, de tecnología o de internet, nos referimos a herramientas y recursos que nos facilitan el trabajo. Sin embargo, aunque son muy útiles e indispensables en el trabajo en internet, lo que marca la diferencia eres tú; tú eres quien determina el éxito o el fracaso de tus estrategias y desarrolla la relación con tus clientes. La gran diferencia con otros radica en transmitir tu conocimiento, tu experiencia, tu pasión, tus dones y talentos, tu vocación de servicio.

Como dueño de un restaurante, como chef, es posible que utilices algunas de esas estrategias. Sin embargo, la tendencia del mercado es apoyarse en el conocimiento y la experiencia de los expertos. Es lo que hago en mis negocios: soy el director, el que decide las estrategias, el que marca el norte y ejecuta algunas acciones; el resto lo dejo en manos de otros.

A pesar de esto, es imprescindible que tengas una idea básica de en qué consiste la automatización y que conozcas lo elemental de las herramientas que más se utilizan en las campañas de marketing. Solo así podrás saber cuáles son útiles para ti.

¿Qué es la automatización en marketing?
"Automatización es el uso de herramientas y/o software que trabajan de forma autónoma una vez programados, sin la necesidad de intervención manual en los procesos". Este punto es bien importante, porque la mayoría de las personas piensa que la automatización es "poner tu negocio en piloto automático". Sin embargo, como el avión, tu negocio debe ser programado.

No se trata de hacer clic en uno o dos botones e irte a la playa a disfrutar del sol mientras tu negocio trabaja por ti y te produce dinero. No funciona así.

La automatización es el final del proceso, no es el comienzo. Antes de automatizar, tendrás que cumplir una gran cantidad de tareas, según el proceso que quieras poner en automático. Algunas son más sencillas que otras. Una de las labores de marketing que se puede automatizar es el envío de correos electrónicos.

Pero no hay una máquina que escriba los correos o que segmente tu lista y decida a quiénes va a enviar los mensajes. Eso lo tienes que hacer tú o la persona a quien le asignes esa tarea. Luego, cuando hayas programado internamente la herramienta que utilices, esta enviará los correos el día y a la hora que tú hayas decidido y a las personas que tú hayas elegido.

Con las notas de tu blog sucede algo parecido. Prácticamente todas las herramientas de creación de contenido te permiten programar las notas para que se autopubliquen el día y a la hora que tú decidas. Y también se puede publicar automáticamente un post en Twitter o Facebook para que tu audiencia pueda verla. Pero siempre hay un trabajo previo.

Alguien tiene que escribir las notas; elegir, editar y subir las fotos o gráficos que la acompañen, establecer los enlaces externos y programar la publicación. Cuando la herramienta (o software) ya está programada, comienza lo que conocemos como automatización y desde ese momento quizás puedas pensar en ir a la playa. Como ves, siempre es necesaria la participación de un ser humano antes del piloto automático.

Ventajas de la automatización:
1. Ahorro de tiempo (y dinero) en tareas repetitivas
2. Segmentación automatizada de tu lista por comportamiento
3. Aumento de la captación de contactos
4. Personalización de la comunicación
5. Monitorización de los contactos

Las herramientas: más por menos
El mayor aporte de las herramientas a la hora de automatizar

los procesos es que puedes planificar tus campañas de marketing. Aún hay muchas empresas, de todos los tamaños, que trabajan por reacción, por lo que hace la competencia, por lo que sucede en el mercado. Así, sus acciones pierden impacto y poder.

Una de las claves del éxito en el marketing digital está en tu capacidad para anticiparte a los deseos de tus clientes, a sus necesidades, y satisfacerlas más rápido y mejor que tu competencia. Eso es posible si haces bien la tarea. Para ello, requieres información de calidad, abundante y precisa, y eso solo puedes conseguirlo al medir tus acciones.

Y para eso están las herramientas que nos brinda la tecnología. Una de las características de internet que más me ayudan en mi trabajo y estrategias es que cada clic es medible. Gracias a la tecnología, es posible saber dónde hizo clic tu prospecto, cuándo, en qué etapa del proceso se detuvo, si eventualmente retomó. ¡Todo es medible!

Gracias a esa valiosa información, puedes hacer un seguimiento detallado y personalizado. En tu base de datos queda almacenado el registro completo de las acciones de tu cliente, de modo que puedes enfocarte en el paso necesario para llevarlo hasta que compre.

Otra poderosa acción que es muy fácil gracias a las herramientas actuales es la de segmentación. Basta que definas cuál es el criterio principal y, en pocos segundos, tendrás un reporte detallado que te permitirá planear y ejecutar la acción de marketing requerida. Puedes segmentar por sexo, edad, ocupación, intereses o cualquier otro criterio que establezcas.

Y hay otro aspecto que debes considerar: qué herramientas elegir. Hay muchas, algunas muy buenas, algunas muy costosas, algunas gratuitas. La clave está en que te asesores bien y escojas aquella que funcione mejor para ti y tu negocio.

Estos son algunos de los factores importantes para elegir bien:
1. Unificación de funciones
2. Integración con otras herramientas
3. Permitir la captura de datos desde múltiples fuentes
4. Sencillez de uso por parte de cualquier persona
5. Personalización de contenidos

"La primera regla de cualquier tecnología utilizada en los negocios es que la automatización aplicada a una operación eficiente magnificará la eficiencia. La segunda es que, si la automatización se aplica a una operación ineficiente, magnificará la ineficiencia". Esta genial frase de Bill Gates define perfectamente la urgencia de elegir bien las herramientas.

Es usual que las empresas elijan una herramienta porque "está de moda", "me pareció barata", "me la recomendó un amigo". Sin embargo, al entrar en acción, no cumple con las expectativas, no te permite ahorrar tiempo y dinero ni captar más clientes.

Entonces aparecen las disculpas: "esa herramienta no sirve", "me dijeron que iba a reducir costos y no fue cierto" y otras. Las herramientas no son buenas o malas en sí mismas, sino que son convenientes o no para tu restaurante, tus planes, tus estrategias. Algunas (incluidas las gratuitas) te ayudan más que otras y pueden servirte más.

Cuando comencé a hacer negocios por internet, las herramientas eran muy distintas de las actuales: eran pocas, costosas y limitadas. No había mucho de donde escoger y no eran tan funcionales. Por fortuna, el mercado y la tecnología evolucionaron con rapidez y hoy existe una gran variedad, algunas de gran calidad y a precios muy cómodos.

Algunas son gratuitas y muy útiles si aprendes a usarlas y sacarles provecho. Además, la mayoría no son complicadas y cualquier persona, con un entrenamiento sencillo, puede utilizarlas. Los que empleamos herramientas digitales sabemos que varias que usamos hoy quizás con el tiempo se quedan atrás y vamos actualizándonos con nuevas plataformas que nos ofrecen mejores servicios y nuevas opciones para fidelizar mejor a nuestros prospectos y clientes.

Veamos algunas que deberían ser parte de tus estrategias hoy, porque son muy útiles:

Google My Business
Es una plataforma gratuita que te permite crear la ficha de tu restaurante en Google, verificada y personalizada; a través de ella serás fácil de encontrar en las búsquedas de los usuarios. En la ficha podrás incluir la información básica para captar la atención del mercado: datos de contacto, dirección, horarios, página web, perfiles de redes sociales, dirección y ubicación en Google Maps.

Con un perfil de Google My Business, cualquier usuario podrá dejar una opinión sobre tu restaurante (servicio, precio, calidad de la comida, comodidad), que será clave para influir en la decisión de otros usuarios. Además, podrás consultar estadísticas detalladas para analizar a tus clientes y la forma en que interactúan con tu local.

Estas son algunas de las ventajas de Google My Business:
1. Es una de las plataformas más confiables y, por ende, que más consultan los clientes potenciales.
2. El 80% de los clientes acude a Google para buscar negocios locales.
3. El 50% de ellos acude al negocio elegido el mismo día de la búsqueda.
4. Si la ficha de tu restaurante está completa y verificada,

tienes un 38% más de posibilidades de que los usuarios te encuentren y te visiten.
5. Una buena galería de fotos de tu restaurante aumentará en un 48% las posibilidades de visita, gracias al poder de persuasión de las imágenes.
6. Incluir la dirección de tu negocio es clave, porque la mayoría de los usuarios utiliza la función 'Cómo llegar' de Google Maps para encontrarlo fácilmente.

Los siguientes consejos te ayudarán a optimizar tu ficha de negocio y conseguir mejores resultados en las búsquedas de tus clientes potenciales:

1. La descripción detallada de tu negocio es clave para que los usuarios sepan qué van a encontrar allí, para que estén seguros de que eres la mejor elección en función de sus gustos y deseos.
2. Añade un tour virtual para que ese cliente potencial viva una primera experiencia contigo, para que cuando llegue a tu restaurante se sienta en un lugar familiar.
3. No olvides incluir los datos de contacto y la información básica. El horario de atención, la posibilidad de reserva en línea y la disponibilidad de estacionamiento son importantes.
4. Gestiona tu cuenta; es decir, revísala a diario, está pendiente de las notificaciones, responde las inquietudes de tus clientes y agradece las reseñas positivas
5. Asegúrate de que la información que publicas esté actualizada y sea la correcta. Un error en este sentido puede resultar bastante costoso para tu reputación.
6. Mantén informados a tus clientes acerca de las novedades, promociones u ofertas a través de la función 'Publicaciones'.
7. Replica en Google My Business el contenido que ha tenido buena interacción en tus redes sociales. Esta ficha no debe ser un perfil estático: ¡dale vida!
8. Publica al menos una vez a la semana, porque Google elimina ese contenido de tu ficha. En lo posible, agrega

información al menos tres veces a la semana, así siempre hay algo nuevo.

9. Uno de los contenidos que puedes publicar son fotografías de tus productos. Te recomiendo no mencionar el precio, que debería estar solamente en la carta digital.

10. Jamás dejes de responder una reseña negativa o una neutra. Estas respuestas son bien consideradas por Google y tus clientes también lo valorarán.

11. Te recomiendo que descargues y utilices la app de Google My Business, que es muy sencilla e intuitiva. Con ella en tu celular, puedes gestionar tu ficha todo el tiempo.

12. La inclusión de fotografías actualizadas es muy valorada por los usuarios. No desaproveches el poder persuasivo del contenido visual.

13. Aprovecha las estadísticas, que son muy completas y te brindan información valiosa. Con ella puedes conocer los gustos y hábitos de tus clientes y adelantarte a sus deseos y necesidades.

14. Haz seguimiento de las acciones de tus clientes en tu ficha: sabrás con exactitud qué es lo que buscan, si hay algo que haga falta o cuál es la información que se consulta con mayor frecuencia.

15. Las estadísticas te permitirán establecer cuáles son las horas punta; así puedes reforzar los momentos de baja demanda con alguna oferta especial, del tipo hora feliz.

Google Ads (Adwords)
Esta es una de las herramientas de publicidad más efectivas que existen. Google es la plataforma que reúne las funcionalidades que más usamos en internet. Por lo tanto, es fundamental llamar la atención en ella, justo donde permanece e interactúa la mayoría de los clientes. Recuerda lo que vimos en el módulo relacionado con el marketing de contenidos: ser visible, reconocible y recordado.

Es cierto que una marca puede conseguir clientes de forma

orgánica y sin publicidad en Google, si publica contenido de calidad con frecuencia y consigue generar una interacción con los usuarios. Sin embargo, es un proceso lento y en el mercado hay demasiada competencia, alguna muy buena. Tu negocio no puede darse el lujo de ir en cámara lenta cuando otros avanzan con rapidez.

Aquí aparece Google Ads para brindarte una mano. Bien programada y combinada con otras plataformas como Facebook Ads y TripAdvisor, puede convertirse en una gran herramienta para llenar las mesas de tu negocio. ¿Cómo? Mediante anuncios en diferentes productos de Google (buscador, YouTube, Gmail, Maps) y también en diferentes formatos.

Una de las características atractivas de Google Ads es que, como reza en su página, se "paga solo por los resultados". Esto quiere decir que registrarse ahí es gratis y que la empresa, en este caso tu restaurante, solo pagará si el cliente que busca "la mejor pizza de Chile" hace clic en tu anuncio. La clave está en el contenido y la estructura de tu mensaje.

No hay un presupuesto mínimo para invertir ni un tiempo mínimo para realizar las campañas. Puedes programar un plan de marketing con anuncios para un año o crear una campaña con un anuncio puntual para promocionar un evento especial. La plataforma es muy flexible en ese sentido y la puedes ajustar a tus necesidades.

Lo básico es diseñar una buena estrategia, con objetivos claros y un paso a paso que te permita hacer un seguimiento detallado. Además, debes contar con una *landing page* o página de aterrizaje a la que lleguen tus clientes potenciales después de hacer clic en tus anuncios. Un buen ejemplo es el del perfil del restaurante ElTenedor, en el que se puede reservar directamente.

En el caso de los restaurantes, la acción determinante de la búsqueda de los clientes potenciales es la localización. En los últimos tiempos, y con más razón durante el confinamiento provocado por el covid-19, las personas buscaron opciones cercanas a su casa. Por ello, es importante definir el radio de acción de tus anuncios; se sugiere 2 kilómetros.

También conviene que utilices los tres formatos de anuncio que existen. El más habitual es el de texto que suele aparecer cuando realizamos una búsqueda en Google. También está el de imagen, que programamos en algún medio de comunicación y que son anuncios *display* llamativos. Y están los de video, en YouTube.

Lo recomendable es que, al principio, realices una campaña en cada medio (texto, imagen o video) y vayas midiendo sus resultados para saber cuál produce mejores resultados. Así puedes reforzar una y descartar otra. En marketing, testear tus campañas es una de las leyes irrefutables: programa, prueba, corrige, refuerza, descarta.

Instagram
Instagram es la red social que más ha crecido en los últimos tiempos. Mientras Facebook y Twitter pierden seguidores, Instagram suma más adeptos, porque se ha convertido en la herramienta preferida de las empresas para conectar con su público. Se estima que actualmente tiene más de 1.000 millones de usuarios.

El poder de Instagram se basa en las imágenes. Y es la plataforma que eligen los usuarios para compartir su experiencia en un restaurante, en tu restaurante; publica fotografías de los platos que pide, del ambiente, de los detalles que lo sorprenden.

Según el estudio Radiografía del comensal en la era digital, del portal OpenTable, el 70% de los españoles toma fotografías (y las publica) cuando sale a comer a un restaurante. Es lo que se conoce como la "propina digital", un agradecimiento voluntario y autónomo del usuario que reconoce la calidad de la experiencia vivida en ese lugar. Es una mina de oro para tu local si la sabes aprovechar. Recuerda que la clave del éxito está en los clientes.

Una frase de mi amigo y mentor Álvaro Mendoza encierra el secreto del éxito en el marketing, dentro y fuera de internet: "El genio del marketing no eres tú, sino el mercado". Es decir, lo único importante es ese dolor que aqueja a tu cliente y que tú puedes solucionar, con tu conocimiento y tu experiencia.

Para conseguir buenos resultados en marketing, necesitas escuchar mucho y hablar poco. Y para eso nos sirven las redes sociales: para escuchar lo que el mercado. Además, privilegia la interacción. Las redes sociales son para interactuar.

Instagram, en ese sentido, es espectacular. Su formato sencillo, intuitivo y gráfico invita a las personas a interactuar. Es muy fácil hacerlo. Puedes publicar fotos de tus platos o realizar una encuesta de 24 o 48 horas que motive la interacción de tus clientes, a cambio de un premio sorpresa o un descuento especial la próxima vez que te visiten.

Esta plataforma ofrece, además, una herramienta muy poderosa: las *stories*. Son videos de corta duración en los cuales las personas nos cuenta una experiencia. Es como una fotografía, pero en formato de video: se capta un momento único y se transmite un mensaje, una emoción. Y en las emociones está la clave de Instagram.

Si quieres obtener resultados positivos en Instagram con tus publicaciones, además de buen contenido, de *stories* que transmitan emociones, necesitas usar bien los *hashtags* o etiquetas, que son palabras o frases precedidas por el signo #, sin espacios ni caracteres especiales. Funcionan como hipervínculos y su objetivo es categorizar los contenidos.

Así, por ejemplo, si usas el *hashtag* #Felicidad en varias publicaciones, siempre que hagas clic en este enlaces verás tus publicaciones, más las de otras cuentas públicas que hayan utilizado la misma etiqueta. Se trata de una estrategia muy poderosa que les gusta mucho a los usuarios, porque les facilita las búsquedas, les ahorra tiempo y les ayuda si van a interactuar.

Si tú tienes un negocio, los *hashtags* ayudan a que tengas visibilidad y a que tus clientes potenciales te encuentren más rápido. Como todo en internet, para sacar provecho de las etiquetas hay que seguir algunas reglas que no son complicadas. Por ejemplo, hay algunas populares que puedes usar; las tuyas tienen que ser específicas y deben estar estrechamente relacionadas con tu objetivo.

Hay una herramienta llamada Display Purposes que te muestra las etiquetas que mejor desempeño ofrecen en ese momento, las que marcan las tendencias. Puedes copiar esas palabras y utilizarlas en tus publicaciones para conseguir que tus clientes te vean más rápido. Lo básico de las etiquetas es que promuevan el tráfico hacia tu publicación y motiven la interacción.

Usar Instagram en tu restaurante te ofrece los siguientes beneficios:

1. Estadísticas. La herramienta te brinda detalladas y variadas estadísticas cuyos datos son oro puro para tu negocio si las sabes interpretar. El número de impresiones cuando un usuario visualiza una página web con un anuncio o un banner publicitario, de dónde provienen o cuántas personas han compartido la publicación o la han guardado son algunas de ellas. Estas métricas también sirven para las historias y te permiten saber qué tanto impacto registraron.

2. Tu información. El objetivo fundamental de lo que publicas en redes sociales es que seas visible para el mercado y te posiciones con tus clientes potenciales. Por eso, el perfil de tu empresa debe contener toda la información requerida para que puedan encontrarte y contactarte. La plataforma también te ofrece detalladas estadísticas de los clics hechos en cada enlace.

3. Enlaces en tus historias. Aunque se trata de una función solo apta para los perfiles de empresa con más de 10.000 seguidores, se trata de algo poderoso. Puedes añadir un enlace a tus historias y, de esa forma, atraer tráfico calificado a tu web, a tu blog o al canal que elijas. Es una opción que vale la pena aprovechar cuando tienes contenidos de valor a disposición de tu cliente.

4. Instagram shopping. Otra función importante es etiquetar tus productos en las historias. De esta forma, los usuarios pueden saber cuánto vale, ver una descripción y acceder al enlace de la tienda. Puede incluir 5 productos por cada fotografía y un máximo de 20 en una serie. Es una estrategia para vender sin hacer publicidad.

5. Fotografías panorámicas. Aunque Instagram no te permite directamente esta función, sí la puedes aprovechar con una aplicación gratuita. La que yo uso es PanoraSplit, que no solo es fácil de usar, sino que además es gratuita. Así, tus clientes podrán ver el interior de tu cocina, la vista al exterior desde la terraza o los platos servidos en una mesa larga. A los usuarios les encanta esto.

TripAdvisor

Esta página web creada en Estados Unidos es, por decirlo de alguna manera, la última palabra. ¿Por qué? Porque allí publican sus comentarios los usuarios de restaurantes, hoteles y otros servicios relacionados con el ocio. Si bien no todo lo que se ve allí es estrictamente cierto, los clientes les dan mucha credibilidad a esos testimonios.

¿Por qué digo que no toda la información es estrictamente cierta? Porque todos los seres humanos somos emocionales y en un arranque de ira o para desquitarnos de una mala atención, somos capaces de publicar o decir algo que no es verdad. Sin embargo, esas son las reglas del juego y hay que jugar con ellas, los dueños de negocios tenemos que aprender a lidiar con esto.

Los comentarios publicados en TripAdvisor son cada vez más la referencia obligada a la hora de elegir un servicio, que puede ser un restaurante, un hotel, un evento o un lugar que valga la pena visitar en una ciudad. Además del comentario, los usuarios califican la experiencia con estrellas, en una escala en la que va del 1 al 5, de lo malo a lo bueno.

Conozco algunos dueños de restaurantes que miran con recelo las publicaciones de TripAdvisor, pero, como cliente frecuente de estos lugares, puede decirte que es algo infundado. Y tú puedes generar que esos comentarios sean positivos: cuando tu cliente paga la cuenta, a sabiendas de que está conforme con el servicio, puedes invitarlo a que realice un comentario de su experiencia.

Luego puedes agradecerle una opinión positiva en su próxima visita, brindándole una copa de vino como aperitivo, cortesía de la casa, o el postre. Debes entender que estas opiniones son útiles para tu negocio, porque te ayudan a detectar eventuales debilidades o aspectos del servicio que no funcionan adecuadamente y que puedes mejorar fácilmente.

No te incomodes por los comentarios negativos que puedan aparecer, eso es parte del juego. Piensa que TripAdvisor es una vitrina que puedes utilizar a tu favor no solo para ser más visible, sino para que los usuarios te elijan. Está comprobado que los restaurantes que cuentan con mejores calificaciones en este portal son los que logran más ventas.

En el pasado, cuando querías ir a un restaurante nuevo, les preguntabas a tus amigos o a tus familiares. Hoy los usuarios también usan las herramientas tecnológicas como TripAdvisor para elegir el lugar al que irán. Por ende, tu establecimiento tiene que estar sí o sí en este portal.

WhatsApp Business
Esta es una aplicación reciente que, sin embargo, ya cuenta con más de 1.500 millones de usuarios activos. Además, Chile es el segundo país de Latinoamérica con mayor índice de penetración de esta popular app de mensajería instantánea. A pesar de eso, no todos conocen su verdadero poder y lo que puede hacer por sus negocios.

WhatsApp Business es un soporte destinado a negocios, en especial los medianos y pequeños, que reciben un gran volumen de mensajes y que no cuentan con recursos más robustos. Se encuentra disponible para descarga en los sistemas iOS y Android, incluye el acceso mediante WhatsApp web y, una vez activo, informa a los contactos que se trata de una cuenta de empresa.

Estas son algunas de las ventajas que esta plataforma ofrece para los canales comerciales:

1. Interacción con clientes: cualquier usuario va a poder

contactar directamente con el negocio de forma instantánea.
2. **Mensajes de bienvenida:** se pueden programar para todos los usuarios que escriben por primera vez.
3. **Mensajes de ausencia:** es una función muy útil para indicar los horarios de oficina o atención al público.
4. **Formular respuestas rápidas:** se puede configurar mensajes automáticos para dar una respuesta rápida antes de la atención personalizada.
5. **Acceso a estadísticas:** es una de las grandes diferencias de WhatsApp Business con una cuenta tradicional, pues permite medir datos de las conversaciones y envíos.
6. **Categorizar con etiquetas:** la aplicación permite clasificar a los usuarios con etiquetas, algo muy útil para seguir en detalle distintos procesos y hacer seguimiento a cada cliente.
7. **Catálogo de productos:** es posible subir los productos de una tienda virtual directamente a WhatsApp para facilitar el comercio electrónico.
8. **Consultas directas desde los anuncios de Facebook Ads:** se permite publicar los enlaces de WhatsApp en los anuncios de Facebook para que los clientes se contacten directamente.
9. **Integración con la página web:** si incluyes un botón de chat en las páginas que más interesen, puedes mejorar la comunicación y la experiencia de usuario con los visitantes.
10. **Es gratis**: sí, WhatsApp Business es una poderosa aplicación gratuita.

Facebook Ads
"¿Para qué gastar dinero en publicidad si Facebook es gratis?". La razón es que, si no pagas publicidad, prácticamente nadie te ve. Esa es la realidad: Facebook es muy distinto hoy respecto del que conocimos cuando comenzó a operar.

Durante los primeros años, mientras ganó adeptos por doquier en el planeta, Facebook fue gratuito y muchas personas veían tus publicaciones. Sin embargo, la plataforma cambió sus condiciones e incluyó un odioso algoritmo que cambió las reglas del juego: ahora solo te ve quien Facebook quiere que te vea.

El algoritmo elige caprichosamente los contenidos que cada persona puede ver en función de sus gustos y, sobre todo, de los avisos en los que haya hecho clic con anterioridad. En otras palabras, la función del algoritmo es obligarte a ver la publicidad para que compres. El resto del contenido, millones de post, se pierde en un profundo y oscuro agujero sin que nadie los vea.

Algunos creen que pueden neutralizar al algoritmo si publican contenido de valor con frecuencia, pero pierden su tiempo: en cuanto Facebook establece que algunos contenidos están burlando su algoritmo, lo renueva y lo hace más estricto. Me parece una necedad dedicarse a pelear con este personaje.

Lo que muchos usuarios de Facebook desconocen es que hoy el costo de la publicidad en internet está en niveles mínimos, al alcance de cualquiera. Además, si haces publicaciones gratuitas, el algoritmo te bloquea; si pagas publicidad, te ayuda a ser visible. ¿Cómo lo hace? Pone a tu disposición la robusta plataforma Facebook Ads, desde la cual se crea, publica, organiza y analiza campañas de anuncios y publicaciones de una página de Facebook. Esta herramienta dispone de un administrador de anuncios a través del cual gestionas tus publicaciones: es realmente muy poderosa y te brinda un arsenal de estadísticas muy útiles.

Ahora, volvamos al comienzo: "¿Para qué gastar dinero en publicidad si Facebook es gratis?". Se estima que, si publicas en tu página de perfil, solo el 7 por ciento de tus contactos verá el contenido; con suerte, podrás llegar al 10 por ciento. Si eres un restaurante y quieres más clientes que te generen más ventas, esas cifras no te sirven.

No creas que vas a vender mucho porque tienes una gran

cantidad de seguidores en tu página; ellos no compran, no son clientes. Son personas que están allí solo porque les interesa lo que ofreces siempre y cuando sea gratuito: en el momento en que les intentas vender, se esfuman.

De hecho, para Facebook esos seguidores son invisibles: no les muestra tu contenido, porque no compran. Y Facebook necesita vender para que se mueva todo el aparato productivo, aquel en el que todos ganan. Por eso, "estar en todas las redes sociales" no es suficiente si no pagas publicidad.

Pero no necesitas invertir miles de dólares para obtener resultados positivos en Facebooks Ads. Puedes comenzar con una inversión baja y, a medida que logras tus objetivos, inviertes más. La clave del éxito está en la segmentación, una labor en la que Facebook Ads es realmente increíble.

El secreto para ganar dinero con tus campañas en Facebook Ads consiste en crear una audiencia, un público con el que compartas gustos, intereses y necesidades; personas a las que puedas ofrecerles una solución para el problema que tienen. Para que puedas crear tu comunidad, la herramienta te ofrece sus poderosas bases de datos y tú eliges a qué segmento te diriges.

Por ejemplo, puedes realizar una búsqueda bajo los siguientes criterios:
1. Mujer
2. Entre 25 y 35 años
3. Profesional
4. Soltera
5. Aficionada a la comida mediterránea
6. Que viva y/o trabaje a no más de 2 kilómetros de tu restaurante
7. Que sea compradora frecuente por internet

Toda esta información, y mucha más, está en la base de datos de Facebook. Cada vez que tú haces un clic en tu página personal, queda registrado y pasa a ser parte del archivo de la plataforma. Y se actualiza permanentemente, cada día se agrega más datos de más personas. Pero para acceder a esa información, tienes que contar con una página de empresa y pagar por la publicidad.

La base de datos de Facebook Ads es una mina de oro y tú puedes explotarla. El valor y la utilidad de la información que extraigas depende de tu habilidad, de tu conocimiento de la herramienta y de los criterios que elijas. Si algo no funciona, no podrás culpar a la herramienta: quiere decir que la campaña estuvo mal enfocada y debes corregirla.

Para un restaurante, Facebook Ads ofrece dos opciones muy atractivas. Por un lado, está lo que conocemos como *retargeting*, que es la posibilidad de contactarte con clientes potenciales que ya visitaron tu página web o hicieron clic en alguno de los recursos que publicaste, como videos o post. Dado que ya mostraron algún interés, los pone al alcance de tu mano.

La otra es que puedes promocionar eventos o novedades de tu local que le interesen a la audiencia que hayas seleccionado. Si aciertas en los criterios y efectivamente a esas personas les interesa lo que ofreces, no solo verán tu publicación, sino que es probable que actúen. No es que los clientes lleguen a ti, como en el pasado, sino que eres tú el que llega a ellos.

Te cuento algo más: si pagas publicidad, Facebook te premia. ¿Cómo? Replica tus anuncios en Instagram, otra poderosa plataforma que es parte de la familia y es la preferida de un amplio público joven con poder adquisitivo real. Es también, como ya vimos, un excelente canal para las empresas, para crear y potenciar tu marca. Como ves, son múltiples los beneficios.

Algo más: no te olvides del píxel. Es un código invisible que puedes incluir en tu página web y que te permite realizar un seguimiento detallado de las acciones de cada usuario. Por ejemplo, qué páginas visitó, qué producto o servicio adquirió, qué artículos envió al carrito de compra (y cuáles no compró), qué formulario completó y muchas otras acciones más.

La gran ventaja del píxel es que te brinda la información necesaria para saber cuántas conversiones lograste; es decir, cuántos clientes compraron efectivamente. Y algo importante: en función de la inversión que realizaste en ese anuncio en particular, podrás determinar cuál es el costo de adquisición de ese cliente. Esta cifra es la que determinar si tu campaña fue exitosa.

Para algunos emprendedores que no conocen demasiado de tecnología, el tema del píxel genera algo de resistencia. Si no sabes cómo se instala, un programador puede hacerlo por ti. Pero no dejes de usarlo. Te brindará información muy valiosa, especialmente porque te permite saber si estás funcionado con rentabilidad. Además, como puedes medir cada paso, tienes la posibilidad de corregir y reforzar.

Google Trends
Esta es otra estupenda herramienta, gratuita y de libre acceso, que no puede faltar en tus estrategias. Te permite establecer cuáles son las búsquedas más frecuentes de los usuarios y, así, enfocar tus estrategias en las necesidades específicas del mercado. En esencia, te permite comparar la popularidad de una búsqueda según las palabras o frases utilizadas.

Esta comparación te brinda en un gráfico los resultados de las búsquedas más frecuentes desde 2004 hasta la actualidad. Es información muy valiosa, pues te permite conocer los patrones de las búsquedas de los usuarios y los cambios que se dieron en el tiempo, o apreciar como varían las búsquedas según la zona geográfica.

Otros datos que nos facilita son, por ejemplo, un mapa de calor global que muestra gráficamente el índice de volumen de búsquedas en las distintas regiones de cada país o una lista de palabras relacionadas con cada término buscado que presentan un mayor crecimiento. Google Trends, además, permite comparar hasta 5 términos simultáneos y ver la evolución.

Una de las funciones más atractivas para quienes, como tú, tienen un negocio, es que puedes sacar provecho de los términos relacionados. Por ejemplo, puedes establecer que cuando una persona busca "*delivery*" también incluye términos como "Uber Eats", "La vega delivery" o, durante los últimos meses, "cuarentena". Es un notable filtro de información.

¿Cómo puedes usar esta información? El objetivo es optimizar la data de tu restaurante para posicionarte mejor en las búsquedas, ya sea en redes sociales, en Google Maps o a través de la página web del local. Por ejemplo, incluir una frase como "Durante la cuarentena hacemos *delivery* a través de Uber Eats" y así ser más visible en las búsquedas más realizadas por la gente.

Si estás en la etapa inicial de tu negocio y quieres saber cuáles son los nichos que ofrecen mayor potencial, Google Trends te brindará información valiosa; puedes saber qué tipo de comida se busca más en cada región, en una ciudad determinada, y hasta te ofrece la información del plato más solicitado.

Lo que más me gusta de Google Trends es que funciona exactamente como el buscador general. Simplemente incorporas las palabras clave o la frase de tu búsqueda y en segundos te aparecen los resultados. Y si estos no te satisfacen, vas incluyendo unos nuevos o complementas hasta que llegues a lo que deseas. El éxito de la búsqueda depende de la calidad de los criterios que uses.

Como ves, son muchos los mitos y las mentiras que circulan alrededor de temas como automatización y herramientas. La mayoría son bastante intuitivas, de fácil uso para cualquier persona, inclusive para las que no tienen más que el conocimiento básico. Por eso, no te dejes intimidar.

Recuerda, eso sí, que la magia la pones tú. Las herramientas son complementos muy poderosos y útiles, pero el éxito que puedes obtener dependerá exclusivamente de tu habilidad, de tu conocimiento de cada una de ellas y de cómo formules tus estrategias. No es magia, es marketing.

No necesitas convertirte en un maestro de la tecnología ni ser un ingeniero de sistemas para sacar provecho de estas herramientas. En el mundo de los negocios del siglo XXI, se impone el trabajo en equipo y el mercado te ofrece excelentes opciones de expertos en cada una de las que acabamos de analizar.

Espero que hayas entendido cuáles son los alcances de la automatización y los beneficios que puedes obtener gracias a esta alternativa. Eso sí, no existe un negocio automatizado al ciento por ciento. No por ahora; quizás en el futuro se dé, pero hoy se requiere la intervención del ser humano en muchas de las tareas, porque la magia la pones tú...

CAPÍTULO 11
EL PODER DE LOS SISTEMAS Y CÓMO PASAR A LA ACCIÓN

No importa cuántos restaurantes tengas o cuántos sean tus clientes, hoy no hay alternativa: aprendes y te adaptas o desapareces. Y esto funciona no solo en tiempos de crisis, sino también cuando las aguas están calmas.

Tenemos que enterrar el pasado, aunque nos duela. El mundo cambió, la gente cambió y los negocios tienen que cambiar. Y, además, estar preparados, con la mente abierta para los cambios de los próximos meses y años. Porque esta dinámica no se detiene y nos obliga a seguir aprendiendo y adaptándonos.

Pero ni el conocimiento ni la teoría sirven si no los pones en práctica. Muchos se paralizan por el miedo cuando llega el momento de actuar y prefieren abandonar. Lo he visto. He tomado muchos cursos presenciales y virtuales, y he asistido a otros tantos congresos en todo el mundo. Y de las miles de personas que conocí, muy pocas aprovecharon lo que aprendieron y se apoyaron en las estrategias incorporadas. La esencia del conocimiento es el cambio, es hacer, es evolucionar.

Por eso, este décimo capítulo se refiere al último paso antes de comenzar el camino más importante, el de actuar. No es el final, sino el comienzo de la nueva vida de tu restaurante, que va a dejar de ser un negocio físico para convertirse en un híbrido físico-digital del siglo XXI.

El momento de actuar, implementar y ejecutar es uno de los que mayor tensión y miedo provoca a los emprendedores o dueños de negocios, en especial cuando son nuevos en el mundo del marketing digital. La sensación de soledad, la abrumadora cantidad de tareas, el uso de las herramientas, el contacto con el mercado y las ventas pueden ser un gran dolor de cabeza.

Además, tenemos grabada en la mente a la competencia: nos aterra que nos pueda superar, que se quede con nuestros clientes. Esa es una peligrosa mezcla que por lo general se traduce en costosos errores, porque no aprendemos a aprovechar lo que la competencia nos puede enseñar.

La importancia de los sistemas

Durante los meses de confinamiento, muchos desaparecieron porque carecían de un modelo de negocios válido. ¿Por qué? Porque quedaron anclado en la forma de hacer negocios en el siglo XX, cuando las empresas esperaban que los clientes llegaran para poder venderles. No había estrategias ni sistemas para captar clientes o para fidelizarlos.

Entonces, los comensales iban y venían, por oleadas, por temporadas. Esos restaurantes habían sorteado otras crisis, pero esta vez no pudieron hacerlo. Es cierto que nadie estaba preparado para algo así, pero desde hace al menos una década se sabía que los negocios que no dieran el paso a lo digital estaban condenados a desaparecer.

El éxito de un negocio depende de la implementación de sistemas de marketing confiables, predecibles y consistentes que garanticen cantidades abundantes de prospectos y clientes de calidad. El resto será fruto del azar. Pero en el caso de los restaurantes que desaparecieron durante esta crisis, no eran ellos los que tenían el control. Vivían sometidos a los vaivenes del mercado, de la temporada, en un permanente tira y afloja que es un desgaste enorme e impide que te concentres en lo importante: atraer nuevos buenos clientes y fidelizar a los actuales.

Eso solo es posible si creas un sistema efectivo. Por definición, un sistema es "un conjunto de fases sucesivas de un fenómeno o hecho complejo". Significa progreso, avance, marcha, ir hacia un fin determinado. Tiene que ser un procedimiento que puedas repetir idéntico una y otra vez.

La idea es establecer una sucesión de actos o acciones realizadas en un orden prestablecido para llegar a un punto previsto en un período de tiempo fijado con antelación. Y, algo muy importante, que sus resultados sean predecibles y medibles. Si esto último no se cumple, no hay un verdadero sistema o ese sistema no sirve.

Cuando un negocio no implementa un sistema de marketing, lo más habitual es que no puede convertir a los prospectos en clientes y corre el riesgo de perder a los que ya tenía. Como a muchos empresarios y dueños de negocios les parece un tema aburrido, lo ponen en manos del gerente o del administrador. Pero a veces esas personas no están capacitadas, no conocen las estrategias y las técnicas del marketing moderno y repiten lo mismo que se hacía décadas atrás. Y eso ya no sirve.

Los sistemas son como las venas de tu negocio: a través de ellos fluye la sangre, que es el marketing. Se necesitan el uno al otro. Si se tapa una vena (se obstruye un sistema), la sangre no puede circular y se produce un colapso. Es justamente lo que sucedió en los últimos meses: el flujo de ingresos dejó de circular.

Ocurre que un sistema de marketing puede estar funcionando bien en un canal, pero esos buenos resultados no son replicables en otro canal. Por ejemplo, muchos restaurantes eran aparentemente sólidos en el canal físico, pero fracasaron en el digital.

Otro aspecto a destacar es que un sistema no funciona por sí solo. Depende de que alguien lo alimente, que lo ponga a andar, que lo programe con la información (insumos) necesaria para realizar el proceso y llegar al resultado esperado: capturar al prospecto y convertirlo en cliente. Eso implica conocer cuáles son los elementos clave de un sistema de marketing.

El primero es conocer muy bien a tu cliente. Cuanto más detalladamente definas a ese cliente ideal, mejores serán los resultados. En un capítulo anterior vimos las diferentes herramientas que te brindan información de primera mano para establecer el perfil.

El segundo elemento son los medios a través de los cuales te comunicas e interactúas con ese cliente ideal. Para algún restaurante puede ser Facebook, quizás a otro le funcione mejor Instagram y no faltará aquel que obtenga mejores resultados con email marketing. Pero no te puedes casar con alguno por capricho, sin información certificada o solo porque es la moda. No hay medios buenos y medios malos; hay medios, a secas. Cada uno tiene ventajas y desventajas, posibilidades y limitaciones, pero lo que determina su utilidad es que allí estén esos clientes a los que quieres llegar. En este tema, además, hay que respetar y privilegiar el proceso: no puedes esperar que una sola acción produzca resultados milagrosos.

Si tu medio es internet, no olvides que ahí están el email marketing, Facebook Ads, Whatsapp marketing, YouTube marketing. Si estás fuera de la red, recuerda los medios tradicionales como la radio o la prensa, que todavía tienen impacto en determinados nichos. Si eres un híbrido, procura combinar canales para complementarlos y potenciarlos.

Lo que convierte a un sistema de marketing en algo poderoso es la conjunción de fuerzas. Las estrategias aisladas y limitadas a un solo canal ya no surten efecto.

El tercer elemento del sistema es el mensaje, que debe ser eficaz. De este tema ya hablamos mucho, pero no lo podemos olvidar, porque es transversal. Recuerda que la esencia del marketing de hoy es la comunicación con el cliente, la interacción. El primer síntoma de que algo anda mal en tu negocio es que no puedas conversar con el mercado.

Olvídate de los mensajes de marketing extensos, amplios y ambiguos dirigidos a todos y a ninguno a la vez. Deja de hablar tanto de tus productos o servicios y enfócate en los intereses, deseos, miedos, frustraciones y anhelos de tus prospectos y de tus clientes. Ellos son la verdadera y única razón de ser de tu negocio.

Recuerda que no es un producto o un servicio lo que ellos están comprando, sino la solución que tú les brindas para su problema específico. Algo muy importante en el caso de un restaurante: ofreces una experiencia significativa, agradable, que esa persona y sus allegados más cercanos quieran repetir una y otra vez. Y no debes olvidar medidas de higiene y seguridad adecuadas.

Tampoco olvides que los clientes compran algo que les genera tranquilidad o bienestar, basados en sus intereses, deseos, miedos, frustraciones, dolores y anhelos. Tú eres el intermediario salvador.

El cuarto elemento de un buen sistema de marketing es la

propuesta de valor, de la que ya hablamos ampliamente. Es imprescindible implementar alguna estrategia que atraiga la atención de tus clientes potenciales para que manifiesten su interés en lo que ofreces, te abran la puerta y te permitan hablarles y venderles.

En internet, esa labor suele hacerse con información de relevancia, con contenido de calidad, con una propuesta que ese cliente no pueda rechazar. Recuerda que antes que pedir, debes dar; antes de vender, debes venderte como la solución al problema de esa persona, como su mejor alternativa.

El quinto elemento es un medio de respuesta y captura. Esto significa que, cuando esa persona se interesa en lo que le ofreces, quiere conocer más de ti y de tu restaurante y por qué elegirlo para ir con su pareja a celebrar su aniversario, por ejemplo, pueda avanzar en el proceso sin inconvenientes. A veces, es la única oportunidad que tienes, no la desaproveches. Lo importante es que, cuando esa persona llegue a tu *landing page* o página de registro, logres que te entregue sus datos básicos y te otorgue permiso para comunicarte con él, para enviarle tus mensajes. Este paso puede ser el comienzo de una relación de intercambio de beneficios con esa persona o, por el contrario, una visita fugaz.

El sexto elemento es el seguimiento, el paso en el que muchos empresarios fallan. ¿Por qué? Porque creen que esa persona que les acaba de brindar sus datos ya es un cliente, y no es así. La mayoría de la veces te deja su correo electrónico solo porque tiene curiosidad, porque cree que tienes algo para él y quiere descubrirlo. Es el momento de establecer la relación, de crear el vínculo de confianza y credibilidad y demostrarle que no eres más de lo mismo. La clave del seguimiento es mantenerlo motivado para que avance al siguiente paso.

El séptimo elemento del sistema es el seguimiento a los

prospectos que aún no son clientes. Solo unos pocos te compran en el primer contacto. Lo que buscan en ese momento es información, razones de peso para decidir si eres lo que necesitan o si se van con la competencia. Tienes que nutrirlo con contenido, contarle qué haces, cómo lo haces, por qué y para quién. Tienes que ganarte su confianza y brindarle algo a cambio de nada. Recuerda: si quieres cosechar, primero debes haber sembrado. Y tienes que respetar los tiempos del proceso.

¿Por qué falla la implementación de un sistema?

El amor a primera vista es una mentira que nos venden en las películas. En marketing y negocios sí podemos hablar de una atracción a primera vista, pero puede haber un largo camino hasta que se concrete la venta. Cada cliente es distinto, es único, y se encuentra en una etapa particular del proceso: algunos están listos para comprar; otros requieren trabajo. Entonces, no rompas el vínculo con él y enfócate en consentirlo, en hacerlo sentir importante y quizás en el futuro se convertirá en un buen cliente de tu restaurante. Los resultados positivos en el marketing no se producen de la noche a la mañana.

La implementación de un sistema te permite transformar tu negocio. Eso significa dejar de dar palos de ciego, controlar tu negocio y dirigirlo al éxito y la prosperidad. Un sistema de marketing, amigo mío, es el blindaje para tu negocio en tiempos de crisis.

Según lo que he conversado con algunos amigos propietarios de restaurantes, hay dudas y prevenciones sobre si implementar sistemas de marketing en su negocio. Veamos cada uno de los motivos:

1. Falta de confianza en el sistema. En muchos casos, la implementación estaba acompañada de unas expectativas que no se cumplieron, quizás porque eran demasiado optimistas, quizás porque no se tuvo la paciencia necesaria. Otra veces fue porque implementaron una tarea que se podía hacer manualmente a menor costo.

En otras ocasiones, se opta por una alternativa demasiado complicada, simplemente por el deseo de ser distinto de la competencia. Pero un sistema bueno y efectivo debe ser sencillo para que lo pueda ejecutar cualquiera.

2. Falta de confianza en sí mismo. Especialmente cuando se trata de empresarios que acaban de ingresar al universo digital, la desconfianza en sí mismos es muy habitual. Pero a medida que adquieres conocimiento, el miedo se diluye y aparece la confianza. También ayuda delegar en personas competentes y especializadas que puedan cumplir con esas tareas que no te agradan o no se te dan bien.

Hay quienes fracasaron anteriormente y piensan que la historia se repetirá otra vez. Y no debe ser así.

3. Quieres controlarlo todo. Sea por falta de presupuesto, por falta de visión o por simple terquedad, es común que los dueños de negocios se echen encima toda la carga del trabajo. No saben delegar y tampoco confían en lo que otros puedan aportarles, así que asumen más labores de las que pueden cumplir. Pero luego lo pagan.

Una persona no puede encargarse de un sistema completo de marketing, por más conocimiento que posea, por más hábil que sea. Se trata de un trabajo de equipo. Si quieres que tu sistema funcione, comparte.

4. Te parece demasiado difícil. Esta es la excusa fácil. Si careces del conocimiento y te resulta difícil, hay personas expertas y capacitadas que pueden ayudarte. No solo lo harán bien, sino que te beneficiarán por partida doble: te permitirán ahorrar tiempo y recursos.

Paciencia, disciplina y perseverancia son las piezas de la estrategia adecuada para que tu sistema funcione y produzca los resultados que esperas. Un sistema no tiene por qué ser sencillo o fácil, debe ser efectivo, producir los resultados para los cuales fue creado.

5. La influencia negativa de otros. El qué dirán es un factor que pesa. Suele ocurrir que los empresarios acuden a amigos, familiares o algún recomendado para tratar de solucionar el problema. Pero lo más frecuente es que esa persona no es la idónea y el problema se agranda.

No basta un experto en tecnología o en el manejo específico de una herramienta. Se requiere también que esa persona conozca de marketing, cómo es el tras bambalinas de tu negocio, qué es y cómo funciona un embudo de marketing, entre otros aspectos.

6. Sentirte aislado. Muchos empresarios suelen transformarse en solitarios, con pocos amigos, esporádica vida social, rutinas de trabajo distintas a las de la mayoría de la gente. Eso provoca que se vuelvan desconfiados, inseguros, y asumen más tareas de las que pueden cumplir.

El proceso de creación y puesta en marcha de un sistema de marketing puede ser un camino de obstáculos; por lo tanto, solo los mejores alcanzan el éxito. Y los mejores son los que saben rodearse de personas idóneas, los que saben delegar, los que confían en el conocimiento y las habilidades de otros. Deja que otros te ayuden.

Lo que la mayoría no hace
El conocimiento teórico es fundamental para poner en marcha tu sistema de marketing. Sin embargo, no es suficiente. Los réditos provendrán de lo que seas capaz de hacer con ese conocimiento, las relaciones que puedas establecer, los beneficios que compartas con otros, lo que puedes aportarle a la sociedad.

La gran mayoría de los dueños de restaurantes posee el conocimiento necesario en su área de especialización. Muchos también han estudiado marketing y tienen una trayectoria en el mercado. Sin embargo, no es suficiente. Se requiere que ese conocimiento se traduzca en acción.

Y actuar es lo que gran parte de los empresarios no hace. No fracasan a la mitad del camino, sino que ni siquiera comienzan por miedo al fracaso y al qué dirán. Y que se queden con la duda de saber si habrían triunfado.

No sé exactamente cuántos cursos tomé en los últimos años, a cuántos seminarios virtuales y presenciales asistí, cuántas conferencias dictadas por expertos presencié. Pero recuperé cada dólar que invertí en esas actividades a través de resultados positivos en mis negocios.

¿Cómo lo logré? Actuando, aplicando los conceptos que me enseñaron, poniendo en práctica las estrategias que a otros les dieron resultado y que pude adaptar en mis negocios. Desde el primer curso de marketing digital que tomé, aprendí que el conocimiento valioso no está en la teoría, sino en lo que se aplica en la práctica.

Por supuesto, la práctica implica cometer errores que a veces son costosos en dinero y en tiempo, pero que siempre te dejan algún aprendizaje valioso. Me equivoqué muchas veces, pero también gané muchas otras. Gané no solo porque apliqué lo que aprendí, sino porque vencí mis miedos, porque dejé atrás mis creencias limitantes y jamás tiré la toalla.

Tuve muchas dudas cuando conocí el marketing digital y me hablaron de lo que se podía lograr con esta estrategia. Sin embargo, algo me decía que debía intentarlo, que era mi última oportunidad, que no la fuera a desaprovechar. Estaba tan angustiado y necesitado que no vi otra opción. Tenía miedo, pero igual lo intenté: comencé a aplicar y al poco tiempo vi resultados positivos. Me di cuenta de que el dinero y el tiempo invertidos en ese conocimiento había valido la pena y que el cambio también había valido la pena.

Los seres humanos estamos sometidos todos los días a tomar decisiones de distinto calibre: unas banales, otras trascendentales. Es inevitable. A veces acertamos, a veces nos equivocamos, pero igual al día siguiente tomamos nuevas decisiones. A los latinoamericanos, entre otras razones por el modelo en que nos educan cuando somos niños, nos cuesta trabajo tomar decisiones y, sobre todo, entrar en acción. Buscamos la forma de eludir las responsabilidades, de postergar la decisión. Y por eso perdemos oportunidades, dinero y la posibilidad de crecer como personas y profesionales.

A lo largo de mi trayectoria, he conocido a muchos empresarios y dueños de restaurantes que lo tienen todo: talento, voluntad, conocimiento, entusiasmo, motivación, recursos. Han dedicado tiempo y esfuerzo a diseñar su proyecto, han invertido dinero en estudios de mercado y han superado dificultades diversas. Pero no lograron triunfar, porque cuando debían pasar a la acción se paralizaron por el miedo al qué dirán y prefirieron abortar sus proyectos. Es una realidad terrible, dolorosa, y no puedes caer en ella.

Ahora que llegaste hasta acá, no eres la misma persona que comenzó a leer este libro hace algunos días: ya adquiriste conocimiento valioso, viste cómo se aplican las estrategias ganadoras. Ahora es tu turno de construir un negocio híbrido físico-digital sólido y lucrativo.

¿Crees que Bill Gates nunca se equivocó? ¿Crees que Elon Musk nunca tuvo miedo? ¿Crees que todas las recetas de Ferrán Adriá fueron aclamadas a la primera por sus clientes? Por supuesto que no. Todos sufrieron tropiezos, enfrentaron dificultades y se equivocaron, pero no renunciaron y lo intentaron otra vez.

De eso se trata: si caes, si la vida te tira al suelo, te incorporas y, a pesar del dolor o de las heridas sufridas, sigues adelante y lo intentas de nuevo. Así una y otra vez hasta que lo logras y el éxito se rinde a tus pies. El único fracaso es no intentarlo, no actuar, no aprovechar todo lo que tienes para triunfar.

Solo me queda agradecerte por haberme brindado la oportunidad y el privilegio de compartir contigo mi conocimiento y mi experiencia. Créeme: lo mejor está por venir. Bienvenido a la nueva realidad de tu restaurante y prepárate para comenzar a disfrutar los beneficios de cuanto aprendiste.

EPÍLOGO

Como lo prometí, no me guardé absolutamente nada. Te conté todo lo que sé, te compartí todas las experiencias que pudieran ayudarte, te revelé las estrategias que uso en mis negocios con excelentes resultados; es decir, te mostré todos mis secretos.

Cuando terminé de escribir estas páginas y estaba en la labor de revisión, pensé: "Cómo hubiera agradecido, en mis inicios, poder contar con una herramienta como esta, que alguien me compartiera sus secretos y me ayudara a acortar la curva de aprendizaje". Pero eran otras épocas y no había muchas personas que lo hicieran.

De hecho, la tendencia era guardarlo todo en secreto para que nadie te lo arrebatara. Había que pagar mucho para acceder a ese tesoro. Hoy, por fortuna, el comportamiento del mercado es muy distinto y sabemos que el valor de nuestro conocimiento está en compartirlo. Y gracias a internet, el conocimiento de calidad está a solo un clic de distancia para el que lo quiera o lo necesite.

Esto no solo es un gran avance, sino también una transformación, porque el único ganador es el cliente, la razón de ser de tu negocio. Yo también pensaba que había que temer a la competencia. Sin embargo, a lo largo de mi trayectoria, me di cuenta de que la estrategia más conveniente para todos es la colaboración. Así, el gran ganador es el cliente, que recibe mayores beneficios y disfruta de una variedad de ofertas que le permiten escoger la que más se acomode a sus necesidades. Y también ganamos nosotros, los emprendedores y dueños de restaurantes, porque tenemos la posibilidad de segmentar nuestro mercado y de conseguir más y mejores clientes.

Si antes de comenzar a leer estas páginas tenías dudas acerca de la conveniencia y la urgencia de comenzar la transformación digital de tu negocio, espero que lo que leíste las haya disipado y ansío que comiences a trabajar en la digitalización de tu restaurante. Tus clientes lo agradecerán.

Lo que más me interesa es que te hayas despojado de aquellas creencias que nos impiden ver la realidad tal y como es. Ya sabes que no necesitas ser un ingeniero en telecomunicaciones, un experto en la web o un magíster en negocios para digitalizar tu restaurante: ¡puedes hacerlo tú mismo! El mercado está lleno de calificados profesionales dispuestos a brindarte su ayuda. Tú eres quien diseña las estrategias y fija el rumbo. El resto puedes delegarlo en profesionales externos.

Recuerda: la transformación digital ya no es un lujo, sino una necesidad imperiosa. Si lograste sobrevivir a la crisis provocada por la pandemia, debes darte por bien servido. Es una nueva oportunidad que te da la vida, pero quizás también sea la última, así que no la desaproveches.

Puse en tus manos todo lo que necesitas para dar este paso. Te revelé mis miedos y mis secretos, mis errores y mis aprendizajes. Te demostré cómo he implementado las estrategias que me permiten alcanzar mis objetivos y te compartí las experiencias propias y las de quienes han transitado conmigo este apasionante camino.

Tenía mucho miedo la primera vez que me hablaron de vender productos tangibles a través de internet, creía que era imposible. Hoy no solo sé que es posible, sino que, gracias a las poderosas herramientas y recursos, estrategias y alianzas que establecí, he llevado mis negocios a un nivel que jamás imaginé.

También alcancé la anhelada libertad: soy el dueño de mi tiempo, hago lo que me gusta, disfruto de mi familia y de lo que me hace feliz. Y trabajo. Eso solo es posible cuando tienes el conocimiento que te compartí en estas páginas y lo sabes aplicar en la realidad de tu negocio. Esa es tu tarea a partir de este momento.

Sería inmensamente feliz si dentro de unos meses, el próximo año, me contactas y me cuentas tu historia de éxito en el ámbito digital. Si me compartes las experiencias de tus nuevos y fieles clientes que conseguiste a través de canales digitales. Si me dices que tu restaurante ya no es el mismo de antes, sino que está mucho mejor y blindado contra las crisis.

Siempre habrá dificultades y momentos de incertidumbre, siempre tendremos que enfrentar buena competencia. Eso, para mí, es una motivación para seguir aprendiendo y esforzarme en brindar mejor atención a mis clientes.

La transformación digital no es un acto de magia por el cual tus problemas desaparecerán, pero es la última oportunidad de tu negocio. Si no ingresas ya a este universo, si no aprendes cómo puedes aprovechar sus recursos y herramientas, si no aplicas las estrategias de marketing que te enseñé en estas páginas, el próximo tropiezo que sufras será, seguramente, también el último.

Muchas gracias, amigo mío, por haber llegado hasta aquí. De corazón, espero haberte ayudado mucho. El camino que vas a comenzar a recorrer es una aventura fantástica, apasionante, que ojalá te brinde grandes satisfacciones, tantas o más de cuantas yo he recibido desde que, hace mucho tiempo, dejé mis miedos y di el ansiado primer paso.

Tu testimonio, tu retroalimentación, es muy valiosa para mí y para mi equipo de trabajo. Pero, también, para el mercado, por eso me gustaría conocerla y que me permitas compartirla.

Por favor envíame tu testimonio a:
ROCHILE@GMAIL.COM
Asunto: Mi testimonio

Muchas Gracias.

www.ingramcontent.com/pod-product-compliance
Lightning Source LLC
Chambersburg PA
CBHW060830220526
45466CB00003B/1050